Roswitha Gruber

*Hanni*

Roswitha Gruber

# *Hanni*

Eine Schweizer Bergbäuerin

rosenheimer

www.rosenheimer.com

Lektorat: Ulrike Nikel, Herrsching am Ammersee
Titelfoto: Klaus G. Förg, Rosenheim
Satz: Bernhard Edlmann Verlagsdienstleistungen, Raubling
Druck und Bindung: CPI Moravia Books, Pohořelice
Printed in Czech Republic

ISBN 978-3-475-54047-9

# Inhalt

# Mit einem Foto fing es an

Bevor es losgeht mit der Geschichte der tapferen, fleißigen und bescheidenen Bergbäuerin Johanna Eberle-Gisler, deren Lebensbericht ich nach Tonbandprotokollen niedergeschrieben habe, seien mir einige Vorbemerkungen gestattet.

Wenige Wochen, nachdem mein Buch »Großmütter erzählen« im Katalog des Weltbild-Verlags vorgestellt worden war, erhielt ich einen Anruf: »Hier ist Walter Eberle aus der Schweiz. Wie sind Sie an das Foto gekommen?«

»Was für ein Foto?«, fragte ich irritiert.

»Das Foto auf dem Titel Ihres Buches ›Großmütter erzählen‹.«

»Wieso interessiert Sie das?«, wollte ich wissen.

»Der Knabe auf dem Titelbild, das bin ich, und das Mädchen ist meine Zwillingsschwester Hanni.«

»Das ist ja interessant«, sagte ich, »aber ich habe keine Ahnung, woher das Foto stammt. Der Verlag hat es ausgesucht. Ich werde dort einmal nachfragen und Ihnen Bescheid geben.«

Er hinterließ mir seine Telefonnummer.

Wenig später konnte ich ihm mitteilen, dass eine Agentur das Foto geliefert hatte, und Walter Eberle begann mit seinen Nachforschungen. Bald schon fand er heraus, dass dieser Schnappschuss aus einer Serie stammte, die ein Berufsfotograf im Jahr 1942 in und vor dem Haus der Familie aufgenommen und später an eine Agentur verkauft hatte.

Aus lauter Freude, dass er durch mich auf Umwegen in den Besitz der alten Fotos gekommen war, die seine Familie in jenen frühen Jahren zeigten – eigene Bilder wurden damals kaum gemacht –, lud er mich samt meinem Mann zur Feier seines siebzigsten Geburtstags ein. Bei dieser Gelegenheit lernte ich nicht nur die meisten seiner zahlreichen Geschwister und viele andere Verwandte kennen, sondern erfuhr auch fast die ganze Familiengeschichte. Diese hatte die alte Bäuerin in ihren letzten Lebensjahren ihren Kindern und Enkeln so lebendig geschildert, dass diese sie mir anschaulich und ziemlich wortgetreu wiedergeben konnten und ich den Eindruck gewann, die zwölffache, inzwischen verstorbene Mutter spräche persönlich zu mir. Es ist eine bewegende Geschichte – eine, die uns einen tiefen Einblick gewährt in das Leben einer Schweizer Bergbauernfamilie im vorigen Jahrhundert.

Ehe ich diese Frau zu Wort kommen lasse, möchte ich quasi von außen und zum besseren Verständnis ein wenig über die damaligen Lebensumstände sagen. Vielfach herrscht die Meinung vor, die Schweiz sei ein reiches Land, und ihren Bürgern gehe es durchweg gut. Das aber ist nur die eine Seite der Medaille, denn die Schweiz ist keineswegs nur das Land der Schönen und Reichen, des internationalen Jetset, der vor allem in Nobelorten wie St. Moritz zeigt, was er hat, und das Geld mit vollen Händen ausgibt. Und von den Milliarden, die auf Schweizer Geheimkonten deponiert sind, profitiert auch nur eine kleine Gruppe, vor allem die Investmentbanker. Das Gros der Bevölkerung muss wie überall mit einem durchschnittlichen oder auch kleinen Verdienst auskommen.

Und dass bis ins vorige Jahrhundert hinein ein Großteil der ländlichen Bevölkerung in bitterster Armut lebte, das ist eine traurige Tatsache. Woher hätte der Reichtum auf dem Land auch kommen sollen, bevor das Geschäft mit dem Tourismus für einen bescheidenen Wohlstand sorgte? Die steilen, kargen Böden, die zum Teil lediglich drei bis fünf Monate im Jahr schneefrei sind, lieferten nur einen geringen Ertrag, von dem die meist kinderreichen Familien kaum existieren konnten. Deshalb war es in früheren Zeiten durchaus üblich gewesen, dass viele Eltern, der Not gehorchend, das eine oder andere Kind zeitweilig als Arbeitskraft nach Deutschland schickten – nicht anders als Schicksalsgenossen aus den österreichischen Bergregionen. Hütekinder oder Schwabenkinder nannte man die jugendlichen Saisonarbeiter – Schwaben deshalb, weil diese Region bevorzugt solch billige Arbeitskräfte anheuerte.

Sicher ist es den Eltern nicht leichtgefallen, sich von ihren Kindern zu trennen, zumal wenn sie noch sehr klein waren, und auch das war keinesfalls ungewöhnlich. Man geht davon aus, dass Jahr für Jahr schätzungsweise fünf- bis sechstausend Kinder im Alter von sechs bis vierzehn Jahren im März die äußerst beschwerliche Reise antraten, die sie zum Teil in tagelangen Fußmärschen über noch schneebedeckte Alpenpässe führte. Sie hatten weder ordentliches Schuhwerk oder ausreichende Kleidung noch genug zu essen. So konnte es vorkommen, dass manches Kind unterwegs an Entkräftung oder Unterkühlung starb.

Auf diesem Hintergrund lässt sich unschwer ausmalen, welch dramatische Abschiedsszenen sich abgespielt haben müssen, denn die Eltern wussten sehr wohl um die Gefahren. Und die Kinder? Vermutlich ist kaum eines gern gegangen. Sie fürchteten nicht nur den mörderischen Weg, der vor ihnen lag, sondern auch das, was sie am Ende erwartete. Vor allem jene, die schon öfter die Berge überquert hatten, machten sich keinerlei Illusionen. Wie Vieh wurden sie am Zielort auf dem Marktplatz zusammengetrieben, begutachtet und von vielen Händen abgetastet, bis ein Bauer seine Entscheidung traf, welches Kind er für welche Aufgabe gebrauchen konnte – für den Stall oder die Küche, für die Feldarbeit oder fürs Viehhüten auf der Weide. Danach ging die Schinderei erst richtig los, denn Überforderung war ebenso die Regel wie unzureichendes Essen, und oft kamen noch Schläge, Misshandlung und Vergewaltigung hinzu.

Dieses »Schwabengehen« erlebte seinen traurigen Höhepunkt während des neunzehnten Jahrhunderts und endete erst 1921 – und auch nur deshalb, weil in Württemberg unter der neuen demokratischen Regierung ein verändertes Schulgesetz eingeführt wurde. Waren vorher ausländische Kinder generell nicht schulpflichtig – in ihren Heimatorten wurden sie während der Sommermonate ohnehin freigestellt –, so schrieb das Gesetz künftig für alle Kinder den Schulbesuch ausnahmslos vor. Damit waren die schwäbischen Bauern nicht mehr an ihren

Hütekindern von jenseits der Berge interessiert. Ein Kind, das den halben Tag in der Schule verbrachte, war für sie keine vollwertige Arbeitskraft.

Auch wenn die Geschichte, die ich hier niedergeschrieben habe, erst um das Jahr 1920 einsetzt, so waren die Menschen doch noch von den Erinnerungen an die schlimmen Zeiten geprägt. Und arm waren die kinderreichen Schweizer Bauernfamilien nach wie vor – oft sogar unvorstellbar arm.

*Roswitha Gruber*

# Maria

Am ersten Weihnachtstag des Jahres 1918 – der große Krieg, der ganz Europa, ja die Welt erschüttert hatte, war erst vor wenigen Wochen zu Ende gegangen – erschien in meinem Elternhaus ein stattlicher junger Mann. Ich bekam das nur deshalb mit, weil mir mein Arbeitgeber freundlicherweise für diesen Nachmittag freigegeben hatte, damit ich zum Weihnachtsfest meine Familie wiedersehen konnte. Normalerweise lebte ich einige Dörfer weiter auf einem Bauernhof, wo ich seit meiner Schulentlassung vor drei Jahren im Winter als Stallmagd und im Sommer als Älplerin arbeitete – als Sennerin also, wie man in anderen Gegenden sagt. Obwohl wir daheim in Spiringen selbst eine Landwirtschaft besaßen und es genug Arbeit für uns alle auf dem Hof gegeben hätte, musste jedes Kind, sobald es die Schule verließ, eine Stellung annehmen. Entweder auf einem größeren Bauernhof oder in einem städtischen Haushalt. Das elterliche Anwesen war nämlich so klein, dass es trotz unermüdlichen Fleißes nicht genug abwarf, um die stetig wachsende Kinderschar zu ernähren.

Ich war das fünfte Kind von Friedrich und Rosa Gisler-Müller und erblickte am 17. April 1902 das Licht der Welt. Vor mir gab es einen Bruder Friedel und die Schwestern Josefa, Maria und Anna. Nach mir folgten noch weitere acht Geschwister, von denen drei schon in sehr zartem Alter von den Engeln in den Himmel geholt wurden, wie man uns Kindern erklärte. Die Trauer der Familie war zwar jedes Mal groß, doch noch größer die Freude, wenn wieder ein neues Kind in der alten Wiege lag, die man bei uns Zaine nannte.

Nachdem Josefa, die älteste der Töchter, einige Jahre in einem Haushalt in der Stadt gedient hatte, rief die Mutter sie nach Hause zurück, weil sie Entlastung bei der vielen Arbeit brauchte. Auch der Friedel, der künftige Hoferbe, kehrte nach einigen Jahren in einem fremden Betrieb auf den elterlichen Hof zurück.

An diesem Weihnachtsfest war also fast die ganze Familie versammelt, denn die Maria und die Anna, die auch in Stellung waren, hatten ebenfalls einen halben Tag freibekommen, und die jüngeren Geschwister lebten ohnehin noch daheim. Es fehlte lediglich der Jakob, der sechste in der Geschwisterreihe – er hatte zu seinem und aller Leidwesen nicht die Erlaubnis erhalten, diesen hohen Feiertag zu Hause zu verbringen.

Besucher waren bei uns etwas sehr Seltenes und fremde Personen erst recht. Daher war es nur zu verständlich, dass sich die meisten von uns aus purer Neugier um den jungen Mann drängten, um nur ja nichts zu verpassen. Denn was Abwechslung und Unterhaltung anging, da waren wir nicht gerade verwöhnt. Sehr schnell begriff ich jedoch, dass der Besuch meiner Schwester Maria galt und wir anderen eher lästig waren. Mir fiel auf, dass die Maria bei seinem Eintritt in die Stube, wo die Familie beim

Feiertagskaffee beisammensaß, errötete und keine zusammenhängenden Sätze mehr herausbrachte. Ob das ein Anzeichen von Verliebtsein war, überlegte ich, obwohl ich mit meinen sechzehn Jahren keinerlei Erfahrungen auf diesem Gebiet hatte. Meine Kenntnisse über solche Dinge waren lediglich theoretischer Natur und verdankten sich der Lektüre von Fortsetzungsromanen in unserer Zeitung. Der Besucher, den meine Schwester Anton nannte, schien sich in dieser Situation ebenfalls nicht wohlzufühlen. Um den beiden jungen Leuten aus ihrer Verlegenheit zu helfen, wandte sich meine ebenso verständnisvolle wie praktisch denkende Mutter an die Maria: »Hol für unseren Gast noch ein Gedeck aus der Küche und bring gleich eine Kanne Milch mit. Der Anton ist sicher bereit, dir zu helfen.«

»Das kann ich doch auch machen«, bot ich mich diensteifrig an und war schon im Begriff aufzuspringen.

»Du bleibst hier«, sagte die Mutter mit einer Bestimmtheit, die keinen Widerspruch duldete, und drückte mich mit ihrer freien Hand auf meinen Stuhl zurück. »Du musst die Milch aber erst warm machen«, rief sie der Maria noch nach, »und lass dir ruhig Zeit damit.«

Schade, dachte ich, jetzt entging mir bestimmt etwas Wichtiges. Und es dauerte wirklich ziemlich lange, bis das junge Paar mit den gewünschten Gegenständen zurückkam. Weil wir alle vor Neugier zu platzen schienen, erbarmte sich die Mutter und teilte uns in Kürze das Wichtigste mit. »Vom Sehen kennt die Maria den Anton schon länger. Aber vor einigen Wochen sind sie sich auf dem Ball im Nachbarort nähergekommen.« Wir wussten Bescheid – es handelte sich um eine Veranstaltung, mit der man das Kriegsende feiern wollte, denn auch in der Schweiz, die ja nicht direkt in die Auseinandersetzungen verwickelt war, hatte man schwere Jahre erlebt, weil die wirtschaftliche Versorgung teilweise sehr eingeschränkt gewesen war. Jetzt wollte man was Gutes für die jungen Leute tun. Und bei dieser Gelegenheit also lernte die Maria ihren Zukünftigen kennen.

Bereits im Mai darauf wurde Hochzeit gehalten mit einer kleinen, bescheidenen Feier im Familienkreis. Für ein richtig großes Fest im Gasthaus – wie es sich die reicheren Bauern leisteten – reichte auf beiden Seiten das Geld nicht. Das, was die Maria von ihrem kargen Lohn beiseitegelegt hatte, reichte gerade mal für ihre Brautausstattung. Diese bestand aus einem künstlichen Myrtenkranz, den sie ins Haar steckte und an dem ein langer weißer Tüllschleier befestigt wurde. Für das bodenlange Kleid kaufte sie knisternden schwarzen Taft. Um es zu nähen, kam eigens eine Schneiderin ins Haus. Als die Josefa, meine älteste Schwester, den schönen Stoff sah und anfühlte, bekam sie ganz große Augen, und erst recht, als sie zuschauen durfte, wie die Schneiderin daraus die Bahnen für das Kleid schnitt und die einzelnen Stoffteile mit Stecknadeln zusammenfügte. Die Josefa wich ihr nicht mehr von der Seite, so fasziniert war sie. »Das möcht ich auch gern«, seufzte sie.

»Du meinst heiraten?«, fragte die Schneiderin, die nur mit halbem Ohr hingehört hatte. »Nein, nähen«, antwortete die Josefa.

Die Schneiderin wurde auf einmal hellhörig: »Du möchtest nähen lernen? Das trifft sich gut. Ich such gerade ein Lehrmädchen. Allerdings hab ich dabei eigentlich an eines gedacht, das gerade die Schule hinter sich hat. Aber du wärst mir auch recht.«

»Ja, eine Lehre würde ich schon gern machen«, seufzte die Josefa. »Leider hab ich dazu keine Zeit und auch kein Geld.«

»Meinst nicht, dass es etwas nützt, wenn ich mit deiner Mutter rede?«

»Ich glaub kaum, aber einen Versuch wär's wert.«

»Na, dann lass uns erst mal schauen, wie du dich überhaupt anstellst. Zwischen Wunsch und Wirklichkeit ist oft ein himmelweiter Unterschied.« Sie reichte dem Mädchen zwei Rockteile, die sie bereits zusammengesteckt hatte, eine Nadel und eine Spule mit Reihgarn. »Da, jetzt fädelst einen langen Faden ein und reihst mir diese Naht.« Sie machte der aufmerksam aufpassenden Josefa ein paar Stiche vor, und schon legte diese los. Das machte sie so geschickt, dass ihre »Lehrmeisterin« mit Lob nicht zurückhielt: »Begabung hast zweifellos und ein gutes Augenmaß auch. Das ist nämlich die Vorausetzung für diesen Beruf. Ich werd nachher auf jeden Fall mit deiner Mutter reden, vielleicht erlaubt sie's ja.«

Mit dieser Hoffnung im Herzen half meine älteste Schwester begeistert bei der Fertigstellung des Brautkleids für die Maria mit. Anschließend führte die Schneiderin wie versprochen ein ernstes Gespräch mit der Mutter. Diese erfüllte es zwar mit Stolz, dass die Schneiderin ihre Tochter für begabt hielt, aber damit waren die Einwände, von denen die Josefa bereits gesprochen hatte, nicht vom Tisch. Das Mädchen werde sowohl in der Landwirtschaft als auch im Haushalt dringend gebraucht, außerdem sei es der Familie unmöglich, das Lehrgeld aufzubringen.

»Eine Lehre muss sie ja nicht gleich machen«, wandte die Schneiderin ein. »Lasst sie doch wenigstens im Winter zu mir kommen als Aushilfe. In den ersten Wochen könnt ich ihr die Grundtechniken beibringen, und anschließend würde sie sogar schon ein bisschen verdienen.«

Mit dieser Lösung zeigte sich die Mutter einverstanden, und für meine Schwester war es mehr, als sie erhofft hatte. Nur die Schneiderin meinte bedauernd: »Na ja, wenigstens etwas. Aber ich find es trotzdem schad, dass die Josefa nicht richtig Schneiderin lernen kann. Sie hätt das Zeug dazu, es in dem Beruf zu etwas zu bringen.«

»Das braucht's nicht. Wenn sie eine tüchtige Bäuerin wird, reicht das allemal«, war der Kommentar der Mutter.

Zunächst aber stand Marias Hochzeit an. Sie war eine wunderschöne Braut, als sie in unserer kleinen Pfarrkirche vor den Altar trat. Und auch ihr Bräutigam konnte sich sehen lassen. So manches junge Mädchen mag sie insgeheim beneidet haben, und so manche ältere Frau wischte sich verstohlen über die Augen.

Mit ihrer Heirat war die Maria, wie man landläufig zu sagen pflegte, versorgt. Sie war aus dem niederen Stand einer Magd herausgehoben worden in die angesehene Rolle einer Bäuerin – eine Möglichkeit, wie sie sich nur den wenigsten Mädchen bot.

Gewiss, Bäuerin sein bedeutete zwar mehr Ansehen, aber das hieß noch lange nicht, dass es ihr nun finanziell oder arbeitsmäßig besser ging. Auch wenn ihr Ehemann, der Anton, als Herr auf eigenem Grund und Boden wirtschaftete, mussten er und die Maria vom frühen Morgen bis zum Einbruch der Dunkelheit hart arbeiten. Einen freien Nachmittag, wie er einer Magd alle zwei Wochen zustand, gab es ab sofort nicht mehr. Dennoch war meine Schwester glücklich mit ihrem neuen Leben, wovon ich mich immer überzeugen konnte, wenn ich an meinem freien Nachmittag ihrem jungen Hausstand einen Besuch abstattete.

»Weißt«, verriet sie mir bei einer solchen Gelegenheit, »wenn ich auch von morgens bis abends schwer schuften muss, so ist es doch ein stolzes Gefühl, das auf dem eigenen Hof und in eigener Verantwortung tun zu können.«

Mit ihnen im Haus lebten noch Antons Eltern, der Jakob und die Philomena Eberle-Eberle. Sie hatten ihrem Sohn das Anwesen bereits vor zwei Jahren überschrieben, obwohl er ursprünglich nicht als Hoferbe vorgesehen war. Diese Rolle wäre eigentlich dem älteren Sohn Jakob zugefallen, der ihnen lang ersehnt endlichen nach den beiden Töchtern Resli und Maria geboren worden war. Sie hatten ihn sehr verwöhnt, ihren Stammhalter, und große Hoffnungen in ihn gesetzt, zumal es lange Zeit aussah, als würde er der einzige Sohn bleiben. Denn bevor 1894 der Anton zur Welt kam, hatte es drei weitere Töchter gegeben: die Roberta, die Ursula und die Heidi. Zwar waren die Eltern auch auf den zweiten

Buben stolz, doch schenkten sie ihm nie die gleiche Liebe und Beachtung, mit der sie seinen Bruder überhäuften.

Die Kinderschar war komplett, als drei Jahre nach dem Anton nochmals ein Mädchen, die Elisabeth, geboren wurde. Erstaunlicherweise blieben alle acht am Leben, was für die damalige Zeit ungewöhnlich war. Die frommen Eltern zogen sie in Gottesfurcht und Ehrfurcht vor den Mitmenschen auf. Harte Arbeit prägte das Leben der Familie, wobei es selbstverständlich war, dass die Kinder von klein auf mitarbeiteten und lernten, sich ihr Brot selbst zu verdienen. Aber kein Tagewerk begann, ohne dass man Gott um seinen Segen bat, und kein Tag endete, ohne dass man ihm für seine Güte und seine Gaben dankte.

So wuchs denn der Anton in einem gefestigten, von christlichen Grundsätzen geprägten Elternhaus auf. Wie damals üblich, mussten auch er und seine Geschwister, abgesehen vom ältesten Sohn, nach ihrer Schulentlassung zu fremden Leuten in Stellung gehen. Da sie aus geordneten, rechtschaffenen Verhältnissen stammten, wurden sie überall mit Kusshand aufgenommen. Der Anton hatte sogar das Glück, bei einem Dienstherrn unterzukommen, der ihm eine Stelle auf Lebenszeit bot.

Aber die Geschichte sollte sich anders entwickeln. Gegen Ende des Jahres 1913 stellte Jakob, der designierte Hoferbe, mittlerweile fünfundzwanzig Jahre alt und noch ledig, seine Eltern vor die vollendete Tatsache, dass er nach Amerika auswandern wolle. Die Mutter brach in Tränen aus, und der Vater versuchte seinen Sohn umzustimmen, indem er ihn vor einer ungewissen Zukunft jenseits des großen Teiches warnte.

»Was hab ich denn hier für eine Zukunft?«, hielt der Jakob dagegen. »Von der Früh bis in die Nacht muss man sich abschinden. Und was kommt dabei heraus? Gerade so viel, dass wir drei nicht verhungern. Unter diesen Bedingungen wag ich es nicht einmal zu heiraten. Denn schnell kämen noch einige hungrige Mäuler dazu, und für die würde es hinten und vorne nicht reichen.«

Obwohl der Vater ihm recht geben musste, verlegte er sich aufs Bitten: »Bleib doch, Jakob! Uns zuliebe. Du kannst deine Mutter und mich doch nicht allein lassen. Schließlich bist unser Erbe. Und wir sind nicht mehr die Jüngsten. Die schwere Arbeit, die können wir bald nicht mehr allein packen.«

»Ihr habt doch noch einen Sohn«, wandte der Jakob ein. »Der ist ein wirklich tüchtiger Landwirt, und es wär jammerschad um ihn, wenn er sein Leben lang in fremden Diensten stehen müsst. Er freut sich bestimmt, wenn er auf den elterlichen Hof zurückkehren und sein eigener Herr sein darf. Mir dagegen wird's zu eng hier. Ich sehn mich nach Weite und Freiheit.«

Als der zweitgeborene Sohn von dieser Wendung erfuhr, war er nicht nur sehr überrascht, sondern auch glücklich. Herr auf eigener Scholle zu sein, das galt doch viel mehr, als ein Leben lang Knecht bleiben zu müssen. Am liebsten wäre er mit fliegenden Fahnen ins Elternhaus zurückgekehrt, doch das Vaterland rief ihn zunächst einmal zum Wehrdienst.

Aber gleich danach, so hoffte er, könnte er voll in den elterlichen Betrieb einsteigen.

Wieder machte das Schicksal ihm einen Strich durch die Rechnung. Als am 1. August 1914 der Erste Weltkrieg ausbrach, blieb die Schweiz neutral, rief aber alle jungen Männer im wehrpflichtigen Alter zum Aktivdienst. Man konnte schließlich nie wissen. Es bestand zwar keine unmittelbare Gefahr für Leib und Leben, doch der Anton hätte sich lieber voll in seine neue Aufgabe auf dem elterlichen Hof gekniet, anstatt darauf zu warten, ob fremde Heere vielleicht die Grenzen der neutralen Schweiz verletzten. Den Belgiern war dieses Unheil schließlich gleich in den ersten Wochen passiert. Für die alten Eltern war diese Zeit nicht weniger schlimm – der eine Sohn jenseits des Atlantiks, der andere in ständiger Gefechtsbereitschaft, dazu die Angst vor einem Überfall, der dem Sohn das Leben kosten konnte.

Endlich, nach einer langen Zeit des Bangens und Hoffens, stand der Anton vor der Tür. Die Erleichterung der alten Leutchen war grenzenlos, weil sie wieder jemanden hatten, der sie bei der Arbeit entlasten konnte, was bisher ihre jüngste Tochter, die Elisabeth, getan hatte. Sie, die in den vergangenen Jahren nach Kräften zugepackt hatte, schickte sich nämlich an, hinauszuheiraten. Dankbar übergaben sie ihrem Sohn den Hof, noch bevor er eine Familie gründete.

Vom Sehen kannte der Anton die Maria schon, bevor er überhaupt ihren Namen wusste. In der Erntezeit, wenn er auf Heimaturlaub kam, hatte er sie auf den Nachbarfeldern arbeiten sehen und sich, man darf es ruhig sagen, richtiggehend in sie verliebt, es jedoch – wohlerzogen und eher schüchtern, wie er war – nicht gewagt, sie anzusprechen. Außerdem musste er ja zum Militärdienst zurück. Was hätte es da für einen Sinn gemacht, ein junges Mädchen an sich zu binden? Erst auf dem Ball nach Kriegsende funkte es dann richtig. Beide sahen sich an und wussten: Das ist der Mensch, mit dem ich leben möchte. Dennoch dauerte es eine Weile, bis sich der Anton ein Herz fasste und das Fräulein Maria zum Tanz aufforderte.

Einige Monate nach der Hochzeit, als ich meine Schwester das erste Mal besuchte, vertraute sie mir voller Freude an, dass sie ein Kind erwarte. »Nicht nur der Anton freut sich ganz närrisch, auch die angehenden Großeltern. Endlich würde auf dem alten Hof wieder neues Leben einkehren, meinen sie, endlich würd's wieder einen neuen Hoferben geben. Aber auch nicht schlimm, wenn's kein Sohn wird. Egal, ob Maidli oder Knäbli, sagen sie, sie freuen sich über das Enkelkind, weil es den Fortbestand der Familie sichert. Außerdem hat die Philomena ja selbst erst lauter Mädchen bekommen, bevor's mit dem Stammhalter geklappt hat.«

Maria war also guter Dinge und voller Zuversicht. Nicht der geringste Gedanke kam ihr, dass irgendwelche Schwierigkeiten auftreten könnten. Schließlich hatte unsere Mutter dreizehnmal ohne Probleme ein Kind zur Welt gebracht und Marias Schwiegermutter achtmal.

Liebevoll wurde rechtzeitig alles hergerichtet. Der Schwiegervater holte die alte Wiege vom Dachboden, die Schwiegermutter kramte aus einer alten Truhe alles heraus, was noch an Kindswäsche und Windeln übrig geblieben war. Maria wusch und bügelte alles, nähte und flickte, denn für eine neue Babyausstattung war kein Geld vorhanden. Nur ein paar Windeln mussten angeschafft werden, weil die alten zum Teil so fadenscheinig waren, dass sie ihre Aufgabe beim besten Willen nicht mehr erfüllen konnten.

An einem frühen Morgen, es war der 22. Februar 1920, war es dann so weit. Bei der Maria setzten die Wehen ein. Die Altbäuerin machte sich auf den Weg, um die Dorfhebamme zu holen. Doch die Wehen zogen sich hin, für eine erste Entbindung allerdings nicht ungewöhnlich, und erst am nächsten Tag tat das Kind seinen ersten Schrei. Ein Töchterchen war's, das nach der stolzen Großmutter Philomena genannt wurde. Niemand war traurig darüber, dass es »nur« ein Mädchen war. Dennoch meinte die frischgebackene Großmutter die junge Mutter trösten zu müssen: »Mach dir nichts draus, Maria. Der Bub kommt noch. Bei mir hat's auch erst beim dritten Mal geklappt.«

Die Wöchnerin war zu erschöpft, um darauf etwas zu erwidern. Nicht verwunderlich nach den vielen harten Stunden, die hinter ihr lagen. Am nächsten Tag war sie ebenfalls noch zu matt, um sich um das Baby richtig zu kümmern. Am dritten Tag schließlich zeigte die kleine Mena durch lautstarkes Geschrei, dass sie Hunger hatte, und die Hebamme legte das Kind an, das auch genug Milch abbekam. Mit Sorge beobachteten alle jedoch, dass die junge Mutter nicht zu Kräften kam, sondern im Verlauf der nächsten Tage zunehmend schwächer wurde – so sehr, dass jedes Stillen für sie eine unheimliche Anstrengung bedeutete. Jedes Mal sank sie erschöpft in die Kissen, wurde immer appetitloser und apathischer. Die Maria schien zu spüren, dass ihr Ende nahte, denn eines Abends bat sie unvermittelt ihren Mann, immer gut auf die kleine Mena aufzupassen: »Lueg mer de guet zum Menäli, Anton.«

»Aber geh, Maria, sag doch so was nicht«, beschwor sie der Ehemann. »Wir lassen sofort den Doktor kommen.«

Der aber konnte trotz gründlicher Untersuchung keine Krankheit bei ihr entdecken. »Sie muss kräftig essen, dann wird sie bald wieder auf die Beine kommen«, lautete seine Diagnose. »Zu eurer Beruhigung schau ich morgen wieder herein.«

Die Schwiegermutter begann sogleich mit der »Aufbaukost«. Der Jakob musste ein Huhn schlachten, und die Philomena kochte eine herzhafte Hühnerbrühe, in die sie sogar ein Ei einrührte und die sie ihrer Schwiegertochter löffelweise einflößte. Zunächst schien sich die Wöchnerin etwas besser zu fühlen, schlief in der Nacht tief und fest und wirkte am nächsten Morgen tatsächlich etwas kräftiger. Wieder bekam sie Hühnerbrühe mit Ei, stillte ihre kleine Tochter mit mehr Anteilnahme als bisher, und als am Nachmittag der Arzt hereinschaute, freute er sich über den günstigen Bescheid und darüber, dass die Wangen der Patientin schon wieder etwas Farbe zeigten.

Es war der zehnte Tag nach ihrer Niederkunft, an dem die jungen Mütter für gewöhnlich aufzustehen pflegen. Der Arzt untersuchte das kleine Mädchen nochmals, schaute sich auch die Maria an und sagte im Gehen, als wolle er den Anwesenden beweisen, dass kein Grund zur Besorgnis bestehe: »So, Frau Eberle-Gisler, jetzt dürfen Sie aufstehen, wenn Sie mögen.«

Weil meine Schwester sich aber noch zu schwach fühlte, fasste der Anton sie unter die Arme und half ihr aus dem Bett. Noch ehe sie den ersten Schritt tat, spürte ihr Mann, dass sie plötzlich ganz steif wurde. Vorsichtig ließ er sie zurück aufs Bett gleiten und rief nach dem Doktor, der die Haustür noch nicht erreicht hatte. Der Arzt stürzte sofort herbei und unternahm Wiederbelebungsversuche, musste jedoch bald aufgeben. Unverkennbar hatte sich Marias Seele bereits auf den Weg in ein anderes Leben begeben und wollte sich nicht mehr zurückholen lassen.

»Wie kann das passieren?«, fragten die Angehörigen, die wie gelähmt das Bett umstanden. »Sie schien doch auf dem Wege der Besserung zu sein.«

»Ja, ohne Obduktion ist das schwer zu sagen«, murmelte der Arzt. »Ich tippe auf eine Embolie. Dagegen ist man machtlos.«

Da aber niemand eine Obduktion wirklich wollte, weil sie die Maria ohnehin nicht zurückbringen konnte, ist die Todesursache letztlich nie geklärt worden.

Als meine Eltern und wir Geschwister davon erfuhren, war es ein entsetzlicher Schock für uns alle. Auch wenn uns der Tod eines Kleinkinds vertraut war – das mit der großen Schwester, das war etwas völlig anderes. Viele Jahre hatten wir mit ihr zusammengelebt, waren mit ihr eng vertraut, auch noch nach ihrer Verheiratung. Immer hatten wir Kontakt gehalten und uns ausgetauscht. Nun sollte sie für immer weg sein, unvorstellbar. Doch trotz unseres eigenen Leides dachten wir vor allem an den jungen Witwer und das mutterlose Kind. Nicht einmal ein ganzes Jahr gemeinsamen Glückes war dem Anton vergönnt gewesen. Das Schicksal konnte bisweilen schon sehr ungerecht sein, und manch anderer hätte in dieser Situation vielleicht geflucht und mit diesem unbarmherzigen Geschick gehadert. Aber der junge, plötzlich einsame Mann bewies große Charakterstärke und noch größeres Gottvertrauen: Er ertrug alles still und ergeben, gab sich ganz in die Hand des Schöpfers und fand Trost im Gebet. Und in dem Vermächtnis seiner Frau, das für ihn zu einer heiligen Verpflichtung wurde: »Lueg mer de guet zum Menäli.« Ja, das wollte er, gut für sein Kind sorgen – für seine kleine Mena, die die Maria ihm als Geschenk hinterlassen hatte.

Doch das war leichter gesagt als getan. Wie sollte er den Alltag organisieren, die Betreuung des Kleinkinds, denn schließlich musste er sich um den Hof kümmern, arbeitete tagsüber auf den Feldern, im Wald oder im Stall und verbrachte im Sommer gar drei Monate auf der Alp. Aber wie bei allem, was auf ihn zukam, vertraute der Anton darauf, dass der liebe Gott ihm schon helfen würde.

Seine Mutter, mit ihren einundsechzig Jahren zwar noch rüstig genug, den Haushalt zu versorgen und im Stall zu helfen, fühlte sich mit der Pflege eines Neugeborenen überfordert. Ihm die Windeln zu wechseln, das würde sie noch hinkriegen, aber wie man ein solch kleines Würmchen ernährte, das noch keine Kuhmilch vertrug, das wusste sie nicht. Dafür wusste die andere Oma Rat: Sie nahm den Säugling kurzerhand mit nach Spiringen und brachte ihn zu ihrer jüngsten Schwester, die erst vor wenigen Wochen einem gesunden Buben das Leben geschenkt und genug Milch hatte, das Kind ihrer Nichte ebenfalls zu versorgen.

So kam es, dass die kleine Mena monatelang von ihrer Großtante gestillt wurde, wobei sie prächtig gedieh. Als sie alt genug war, um Kuhmilch und Getreidebrei zu vertragen, brachte meine Tante sie in das Haus ihrer Großmutter Rosa, wo sie von ihren jugendlichen Onkeln und Tanten begeistert aufgenommen und verhätschelt wurde. Meine Mutter war zu der Zeit siebenundvierzig Jahre alt und ihr jüngstes Kind, die Resli, vier. Der Willi war auch erst acht, der Peter elf und die Grit zwölf, sodass die Rosa mit dem Aufziehen eines Kleinkinds noch durchaus vertraut war.

Bei jedem meiner Besuche im Elternhaus hatte ich die Gelegenheit, meine kleine Nichte zu sehen, sie ins Herz zu schließen und mich über ihr Gedeihen zu freuen. Sie war ein aufgewecktes und fröhliches Kind, das zum Glück nichts von der Tragik ahnte, die sich mit seiner Geburt verband. Da sie es nicht anders kannte, vermisste sie nichts. Ihr Vater, der Anton, kam so oft, wie es seine Arbeit zuließ. Bald stellte er jedoch mit Betrübnis fest, dass er der Mena von Mal zu Mal fremder wurde. Deshalb beschloss er nach vier Jahren, das Kind zu sich auf den Gründlihof zurückzuholen, zumal seine Mutter mit der Vierjährigen inzwischen ganz gut zurechtkam. Jetzt konnte der Anton seine Tochter wenigstens regelmäßig bei den Mahlzeiten sehen, außer im Sommer, wenn er mit seinen Kühen und Jungtieren ins Gitschental auf die Alp zog. Die Arbeit dort war zwar noch härter als auf dem Hof, aber er liebte das naturverbundene Leben und fühlte sich hoch in den Bergen dem Himmel und damit Gott und seiner Maria irgendwie näher. Der einzige Wermutstropfen war, dass er seine Tochter für fast drei Monate nicht zu Gesicht bekam. Umso schöner war dann das Wiedersehen, wenn die Kleine ihm bei seiner Rückkehr freudig entgegensprang.

Doch die für alle glückliche Lösung fand 1928 ein jähes Endes, als der Philomena die Altersbeschwerden immer mehr zu schaffen machten und sie, gerade als der Frühling Einzug ins Land hielt, für immer die Augen schloss. Jetzt trat neben die Frage der Kinderbetreuung zusätzlich das Problem, dass der Haushalt verwaist war.

Wieder musste der junge Witwer Entscheidungen treffen. Der Sommer stand vor der Tür, die Rinder mussten auf die Bergweide. Sollte er für diese Aufgabe jemanden einstellen, damit er selbst sich weiterhin um den Haushalt und seine achtjährige Tochter kümmern konnte? Aber so eine Arbeitskraft musste bezahlt werden, und trotz aller Mühe und Plage war das Geld im Haus äußerst knapp. Also blieb ihm nichts anderes übrig, als selbst wieder auf die Alp zu steigen. Wer aber würde sich in der Zeit seiner Abwesenheit um das Kind kümmern? Der Großvater kam nicht infrage, der schaffte es gerade, sich selbst zu versorgen und bei den verbliebenen Tieren nach dem Rechten zu schauen. In seiner Not wandte sich der Anton erneut an seine Schwiegereltern, die sich auch sofort bereit erklärten, ihre Enkelin für die Sommermonate aufzunehmen. So spielte es sich für zwei Jahre ein: Den Sommer verbrachte die kleine Halbwaise bei den Großeltern in Spiringen, den Winter beim Vater im Gründlihaus.

Als der Anton im Herbst 1929 mit seiner Herde von der Alp zurückkehrte, musste er feststellen, dass sich der Gesundheitszustand seines Vaters auffallend verschlechtert hatte. Der fast Achtzigjährige welkte zusehends dahin und brauchte zunehmend Pflege, wobei das Töchterchen dem Vater schon recht geschickt zur Hand ging. Noch ehe das Jahr zu Ende war, wurde der Großvater von seinen Gebrechen erlöst. Vater und Tochter waren jetzt ganz allein. Und als der Anton mit der Mena am offenen Grab stand, erkannte er, dass es so nicht weitergehen konnte. Es musste wieder eine Frau ins Haus!

# Die zweite Frau

Einige Monate, nachdem man den Jakob Eberle zu Grabe getragen hatte, machte sich sein Sohn mit seiner Tochter wieder einmal auf den Weg zu seinen Schwiegereltern. Als ob er sich von ihnen Hilfe erwarte, erzählte er ihnen, dass er sich entschlossen habe, ein zweites Mal zu heiraten.

»Das ist eine gute Idee«, lobte ihn Schwiegermutter Rosa. »Ich wundere mich, dass du diesen Schritt nicht schon viel früher getan hast. Immerhin lebst du jetzt schon neun Jahre wie ein Einsiedler. Hast du eine bestimmte Frau im Auge?«

»Nein, leider nicht. Ich hab mir gedacht, vielleicht wisst ihr mir eine. Ihr habt doch noch ein paar ledige Töchter.«

»Gewiss ja, die Anna vielleicht oder die Hanni?«, überlegte meine Mutter laut, »die Josefa ist ja inzwischen verheiratet.«

»Wenn ihr so gut sein wollt, die beiden zu fragen«, bat er schüchtern.

So kam es, dass mir meine Mutter bei meinem nächsten Besuch im Elternhaus eine ungewöhnliche Frage stellte: »Hanni, hättest nicht Lust zu heiraten?«

»Ja, schon«, antwortete ich lachend, weil ich dachte, sie mache einen Scherz, »ich wüsst aber nicht, wen.«

»Einen Hochzeiter hätt ich für dich schon«, rückte sie dann heraus. »Du kennst ihn sogar.«

Nun wurde ich neugierig. »Ja, wen hast denn für mich ausgesucht?«, wollte ich wissen, immer noch lachend.

»Den Eberle-Anton, den Witwer unserer Maria.«

»Den?«, fragte ich gedehnt und wurde mit einem Schlag todernst. »Nein, der ist nichts für mich.«

»Wie kannst so etwas sagen?«, fragte meine Mutter sichtlich enttäuscht. »Er sieht doch nicht schlecht aus. Zudem ist er ein aufrichtiger, rechtschaffener Charakter. Da kannst lange suchen, bis du so einen Mann findest.«

»Mag schon sein, Mutter, aber der Anton kann die Maria nicht vergessen. Das sieht man ihm an. Er liebt sie noch immer«, war meine Antwort. »Ich möcht aber einen Mann, der mich liebt, wenn ich schon heirate.«

»Aber Kind, so egoistisch darfst nicht denken. Denk auch mal an den armen Anton, dem das Schicksal so übel mitgespielt hat. Er braucht endlich wieder eine Frau.«

»Das muss doch nicht gerade ich sein. Frag mal die Anna. Vielleicht nimmt sie ihn.«

»Die hab ich schon gefragt, aber die hat Nein gesagt.«

»Warum?«

»Aus dem gleichen Grund wie du. Die meint auch, der Anton könnt die Maria nicht vergessen. Sie würde immer zwischen ihnen stehen.«

»Siehst, Mutter, so seh ich das auch.«

»Aber, Hanni«, schmeichelte sie, »es geht doch nicht nur um den Anton, sondern auch um die Mena. Seit Jahren wird das Kind nur herumgeschoben.«

»Ach, Gott ja, das Menäli! Es tut mir von Herzen leid. Und gern hab ich's schon. Dem eine Mutter sein zu dürfen, das würde mir gefallen.«

»Ja, damit würdest wirklich eine Christenpflicht übernehmen«, hieb die Mutter weiter in die Kerbe. »Und ihren Vater musst einfach als Dreingabe sehen. Er ist doch kein unrechter Mann, fromm und fleißig und hat bisher vom Leben nicht viel gehabt.«

Bei diesen Worten meiner Mutter überkam mich Mitleid mit dem armen Witwer. Offenbar tat er sich schwer, eine neue Frau zu finden, sonst würde er nicht so lange Zeit schon allein leben und hätte sich bestimmt nicht in dieser Angelegenheit an seine Schwiegermutter gewandt.

»Also gut, in Gottes Namen, Mutter, ich will's mit ihm versuchen. Fragen sollt er mich allerdings schon selbst.«

Erleichtert atmete die Mutter auf und versicherte mir, die »Sache« für mich zu regeln. Am Abend musste ich ja wieder zurück in meinen Haushalt in Seedorf, wo ich damals bei einer Großfamilie in Dienst stand. Es war übrigens derselbe Ort, in dem mein Zukünftiger lebte. Doch obwohl ich dort schon seit einigen Jahren arbeitete, waren wir uns bisher noch nie über den Weg gelaufen. Das lag sicher daran, dass er im Sommer, wenn ich mal im Freien zu tun hatte, auf der Alp war. In den übrigen Jahreszeiten blieb ich überwiegend im Haus, sodass sich eine Begegnung nie ergab.

Nachdem meine Mutter dem Anton meine Entscheidung mitgeteilt hatte, erschien er an meinem nächsten freien Sonntagnachmittag, holte mich zu einem Spaziergang ab, um mir persönlich seinen Heiratsantrag zu machen. Das war wohl einer der unromantischsten Anträge, die man sich vorstellen kann. Wir befanden uns gerade auf einem bergauf führenden Weg in Richtung Wald, gingen bereits seit einer Weile schweigend nebeneinander her. Endlich räusperte er sich und stammelte unbeholfen: »Deine Mutter hat …, sie meint, du wärst also bereit … Kurzum: Willst mich heiraten?«

Ich nickte. Antworten konnte ich nicht. Mein Hals war wie zugeschnürt. Ein zaghaftes Lächeln huschte bei meinem Nicken über sein Gesicht. »Gott sei Dank!«, atmete er sichtlich erleichtert auf. Mein Nicken ermunterte ihn sogar zu einer weiteren Äußerung: »Es wird für uns beide nicht leicht sein. Aber das Menäli braucht endlich eine Mutter, und ich brauch jemanden, der mir bei der Arbeit hilft.«

»Ja, ja«, sagte ich nur. Den Rest des Spaziergangs setzten wir wieder schweigend fort. Abends in meiner Kammer dachte ich darüber nach, ob ich nicht im Begriff stand, einen Riesenfehler zu begehen. Mit siebzehn hatte ich hochtrabende Pläne und romantische Vorstellungen gehabt. Der Mann meiner Träume war unsterblich in mich verliebt und ich in ihn. Händchen haltend würden wir durch Wiesen und Wälder wandern und immer wieder für einen zarten Kuss und eine zärtliche Liebkosung stehen bleiben. So wie ich das in einem Fortsetzungsroman in der Zeitung gelesen hatte. Mit einem Strauß roter Rosen würde der Angebetete vor mir auf die Knie sinken und um meine Hand anhalten. Errötend würde ich mein Ja hauchen, um dann selig an seine Brust zu sinken.

Mittlerweile war ich siebenundzwanzig, und mein Märchenprinz war bis heute nicht erschienen. Inzwischen hatte ich gelernt, dass man im Leben nicht auf Rosen gebettet ist, dass es vielmehr aus Pflichten und harter Arbeit besteht, egal ob ledig oder verheiratet. Deshalb hatte ich mich irgendwie damit abgefunden, allein zu bleiben und mein Brot bei fremden Menschen zu verdienen. Das war nicht das Schlechteste, denn viele Sorgen und Nöte einer Ehefrau und Mutter würden mir dadurch erspart bleiben.

Nun aber sah es so aus, dass ich doch noch heiraten würde, wenngleich nicht aus Liebe, sondern aus Mitleid. Aber, kamen mir Bedenken, war Mitleid eine ausreichende Basis für einen Bund, der ein Leben lang halten sollte? Dann wieder sah ich das Kind vor meinem geistigen Auge. Ja, für die Mena lohnte es sich, diesen Schritt zu wagen. Ich wollte ihr eine gute Mutter sein und zugleich eine Freundin. Vielleicht ließ es sich mit ihrem Vater, dem Anton, ganz gut zusammenleben. Im Sommer war er ohnedies auf der Alp, und die übrigen Jahreszeiten würden wir es schon irgendwie miteinander aushalten.

In den nächsten Tagen jedoch verwarf ich meinen Entschluss wieder und gedachte einen Rückzieher zu machen. In zwei Wochen, wenn der junge Witwer mich wieder zu einem Spaziergang abholen wollte, würde ich ihm klipp und klar erklären, dass ich es mir anders überlegt hätte, dass ich doch nicht die passende Frau für ihn sei.

Doch sobald ich ihn vom Küchenfenster aus vor der Haustür stehen sah, mit ernstem Gesicht und hängenden Schultern, flutete erneut eine Welle des

Mitleids über mich, und ich wurde in meinem Entschluss wankend. Als ich dann die Haustür aufmachte und das Strahlen erblickte, das in diesem Moment sein Gesicht überzog, spürte ich, wie eine warme Woge mein Herz überflutete.

Bei diesem unserem zweiten Spaziergang wagte er es sogar, meine Hand zu halten. Wir sprachen von seiner Tochter und davon, dass er bald wieder hinauf in die Berge ziehen müsse und sich schon aufs Heimkommen freue, weil er mich dann wiedersähe.

Bei unserem dritten Treffen machten wir sogar aus, dass ich die Sommermonate bereits in seinem Haus verbringen, seine Tochter betreuen und die anfallenden Feld- und Wiesenarbeiten erledigen solle. Nach seiner Rückkehr von der Alp würde ich allerdings bis zur Hochzeit wieder in mein Elternhaus zurückkehren. Für eine ledige Frauensperson wäre es damals ungehörig gewesen, mit einem Witwer unter einem Dach zu wohnen.

Der 20. November 1930 war ein trüber Tag. Dicke Wolken, aus denen es unaufhörlich heruntertropfte, hingen über unserem Tal. Kein guter Tag zum Heiraten. Doch genau dieses Datum hatten wir für unsere Hochzeit ausgewählt. Bauersleuten galt der November nämlich für ein solches Vorhaben als besonders geeignet, weil zum einen die Ernte eingebracht und auf den Feldern nichts mehr zu tun war und weil man zum anderen noch nicht mit allzu viel Schnee rechnen musste. Nur auf den Bergen hatte der Winter um diese Zeit längst Einzug gehalten – die höchsten Gipfel stellten bereits seit Ende August stolz ihre weißen Kappen zur Schau. Davon war jedoch an unserem

Hochzeitstag nichts zu sehen, denn sämtliche Bergspitzen waren in dicke Wolken gehüllt.

An diesem Morgen hatte der Anton seine Stallarbeit noch zeitiger erledigt als sonst, um nur ja nicht zu spät in meinem Elternhaus zu erscheinen, wo ich schon im Brautstaat wartete, in den mir meine Schwestern geholfen hatten. Wehmütige Erinnerungen wurden in mir wach, als Josefa mir das schwarze Kleid überstreifte, in dem genau zehn Jahre zuvor unsere Schwester Maria als glückliche Braut vor den Altar getreten war. Josefa staunte: »Es passt dir grad so, als ob es für dich genäht wäre.«

Eine glückliche Braut – nein, das war ich wirklich nicht, obwohl ich dasselbe Kleid trug und denselben Schleier und obwohl ich denselben Mann heiraten sollte. »Du machst ein Gesicht, als solltest zum Schafott geführt werden und nicht zu deiner Hochzeit«, tadelte die Josefa. »Lass sie nur«, verteidigte mich die Anna, »ich kann mir vorstellen, wie ihr zumute ist.«

Und dann stand er vor mir in seinem schwarzen Anzug, den er schon vor zehn Jahren getragen hatte, als er meine Schwester Maria zur Hochzeit abgeholt hatte. Selbst das Myrtensträußchen war das gleiche. Zu Fuß machten wir uns auf den Weg zum Bahnhof in Begleitung meiner Brüder Friedel und Jakob, die unsere Trauzeugen sein sollten. In Altdorf bestiegen wir ein Abteil dritter Klasse in einem Zug, der uns nach Einsiedeln bringen sollte. Dort wollten wir uns vor Gottes Angesicht das Jawort geben. Die ganze Fahrt über saßen wir schweigend nebeneinander, sodass ich genügend Zeit für massive Zweifel hatte. Mein Verstand fragte: Begehst du nicht einen gewaltigen Fehler? Wie kannst du nur einen Mann heiraten, den du nicht liebst? Wie kannst du dich auf immer an einen Menschen binden, der dich nicht liebt? Wie konntest du nur in diese Hochzeit einwilligen?

Eine andere Stimme flüsterte mir zu: Jetzt ist es für einen Rückzieher zu spät, wer A sagt, der muss auch B sagen. Du hast diesem Mann die Ehe versprochen, nun musst du das auch durchziehen.

Um mir selber Mut zuzusprechen, redete ich mir ein: Du kannst nicht mehr zurück. Was würde die Familie dazu sagen? Was die Leute? Was mein Gewissen? Könnte ich jemals wieder froh werden, wenn ich den armen Witwer und meine mutterlose Nichte im Stich ließe?

So erreichten wir am späten Vormittag die Gnadenkapelle im Finstern Wald zu Einsiedeln, wo der Geistliche uns und die beiden Trauzeugen bereits erwartete. Als wir vor den Stufen des Altars auf dem mit rotem Samt gepolsterten Betstuhl knieten, der sonst dem Pfarrer vorbehalten war, wurde es mir dann doch feierlich zumute. Der Priester stellte dem Bräutigam drei Fragen, die dieser laut und deutlich mit Ja beantwortete. Als er danach das Wort an mich richtete, verließ mich aller Mut, und ich fürchtete, keinen Ton hervorbringen zu können.

»Johanna Gisler, bist du frei und ungezwungen hierhergekommen, um mit diesem Mann, dem Anton Eberle, die Ehe einzugehen, so antworte mit Ja.«

Gab es wirklich kein Zurück mehr? Was, wenn ich einfach Nein sagte? Aber ich hatte es doch gar nicht gelernt, aufsässig zu sein. Wie befürchtet versagte mir die Stimme, weshalb mein Ja nur wie ein schwaches

Hauchen herauskam. Dem Pfarrer aber schien es zu genügen. Die nächste Frage: »Bist du bereit, die Kinder, die Gott euch schenken will, aus seiner Hand anzunehmen?«, beantwortete ich voller Überzeugung mit einem hörbaren Ja. Dabei musste ich nämlich an das Menäli denken, das bei meiner Mutter zurückgeblieben war und in diesem Moment meine Stieftochter wurde. Wie gerne wollte ich dieses Kind annehmen und ihm eine gute Mutter sein. Als mir plötzlich bewusst wurde, dass mit dieser Frage weitere Kinder, eigene Kinder gemeint waren, spürte ich, wie mir die Schamesröte ins Gesicht stieg.

Nein, redete ich mir ein, zu eigenen Kindern wird es gar nicht kommen, weil wir uns ja nicht lieben. Es ist eine reine Zweckehe, die wir schließen. Der Anton braucht eine Mutter für sein Kind und eine Frau, die sein Haus in Ordnung hält und die ihm in der Landwirtschaft hilft. Das ist alles. Im Gegenzug dafür werde ich den stolzen Status einer Bäuerin auf eigenem Hof erlangen. Ich war so sehr mit diesen Gedanken beschäftigt, dass ich den Sinn der dritten Frage gar nicht mehr mitbekam und sie mechanisch mit einem deutlichen Ja beantwortete. Es wird schon nichts Falsches sein, dem ich zugestimmt habe, dachte ich. Es konnte ja nur etwas sein, das zu jeder Trauung dazugehört.

Anschließend leisteten wir unsere Unterschriften im Kirchenbuch, und meine beiden Brüder setzten die ihren als Zeugen darunter. Nun war ich also Frau Johanna Eberle-Gisler. Als solche bestieg ich den Zug, der uns zurück nach Altdorf brachte. Für zweiflerische Gedanken war es zu spät; und mein

Blick richtete sich nach vorn. Heute noch würde ich als Bäuerin ins Gründlihaus einziehen. Was würde da auf mich zukommen?

In Spiringen hatten meine Schwestern Josefa und Anna unterdessen anlässlich der Hochzeit ein etwas festlicheres Mahl vorbereitet, als es sonst üblich war. Die Glückwünsche meiner Familienangehörigen ließ ich ziemlich teilnahmslos über mich ergehen. Von den Speisen nippte ich nur wie ein Vögelchen, denn mir saß ein solcher Kloß im Hals, dass ich glaubte, nicht schlucken zu können.

Am Spätnachmittag legte ich schließlich das Brautgewand ab, das die Josefa wieder sorgfältig im Kasten verwahrte, und streifte mir meine Werktagskleidung für die Wanderung in meine neue Heimat über. Dann der Abschied von den Eltern, bei dem sowohl bei mir als auch bei der Mutter ein paar Tränen flossen, und zu dritt marschierten wir los, der Anton, sein Kind und ich, begleitet von den guten Wünschen der Zurückbleibenden.

Während wir in Richtung Seedorf strebten, wo das Gründli ab jetzt mein neues Zuhause sein sollte, ging die Mena munter plaudernd zwischen uns. »Tante Hanni, muss ich dich ab jetzt Mama nennen?«, wandte sie sich auf einmal an mich.

»Das kannst du ganz so machen, wie du magst. Wenn ich auch jetzt deine neue Mutter bin, so bleib ich nach wie vor zugleich deine Tante.«

»Ich will dich Mama nennen«, entschied sie. »Tanten hab ich ja genug, aber ich hatte noch nie jemanden, den ich Mama rufen konnte.«

»Ist schon recht, Mena, das freut mich.«

Das Gesicht meines frischgebackenen Ehemanns bei diesem Handel war nicht zu erkennen, dazu war die Dämmerung bereits zu weit fortgeschritten.

Mit ausgesprochen gemischten Gefühlen betrat ich das Haus, das ab sofort mein Heim sein sollte. Der Bräutigam legte seinen guten Anzug ab, schlüpfte in seine Arbeitskleidung und begab sich in den Stall. Ohne viel Worte zu machen, legte auch ich meine Stallkleidung an und folgte ihm. Alles lief so selbstverständlich ab, als ob wir bereits ein eingespieltes Ehepaar wären.

Obwohl meine Stieftochter mit ihren zehneinhalb Jahren schon ein großes, verständiges Mädchen war, ließ ich es mir nicht nehmen, sie am ersten Abend als Mutter zu Bett zu bringen. Ich entzündete eine zweite Petroleumlampe und begleitete sie die Stiege hinauf, was sie dankbar annahm. »Es ist so schön, dass ich endlich eine Mama hab«, murmelte sie und kuschelte sich wohlig in ihre Kissen.

Wo sich meine Kammer befand, wusste ich bereits. War ich doch vor einigen Tagen auf Geheiß meiner Mutter extra nach Seedorf gewandert, um die Betten im »Brautgemach« eigenhändig zu beziehen. Nachdem ich die Mena zu Bett gebracht hatte, kehrte ich noch einmal in die Küche zurück, wo mein Ehemann beim Schein einer Petroleumlampe lesend am Tisch saß. Ich wünschte ihm eine gute Nacht und zog mich mit meiner Lampe zurück.

Als er wenig später die Kammer ebenfalls betrat, stellte ich mich schlafend, wenngleich mir das Herz bis zum Halse klopfte. Ich hörte, wie er sein Bett aufsuchte und die mitgebrachte Lampe löschte.

Am folgenden Morgen hieß es wieder früh aufstehen und das Vieh versorgen. In ausgesprochen freundlichem Ton begrüßte mich der Anton. »Hast gut geschlafen?«

»Wie ein Murmeltier«, antwortete ich. »Und du, du hast hoffentlich auch gut geschlafen?«

»Ja, schon«, war seine knappe Antwort. Dann ging jeder seiner Arbeit nach. Da es Sonntag war, besuchten wir nach der Stallarbeit gemeinsam mit der Mena die Kirche, und nach dem Gottesdienst stellte mein Mann mich – wie es mir schien, nicht ohne Stolz – einigen Leuten als seine Ehefrau vor. Die meisten von ihnen waren mir bekannt, weil ich ja lange genug bei Seedorfer Familien in Dienst gestanden hatte. Wieder daheim, begab ich mich gleich in die Küche, um für meine kleine Familie die erste Mahlzeit zuzubereiten, während mein Ehemann den Rest seiner Zeitung las. Bei Tisch war er wieder ausgesprochen freundlich zu mir, ebenso jedes Mal, wenn er mir im Laufe des Tages begegnete.

Nach dem Abendessen verschwand ich wieder recht bald in unserer Kammer und schlief auch sogleich ein, weil ich rechtschaffen müde war. Zudem wartete anderntags in der Frühe nicht nur die Stallarbeit auf mich, ich musste auch schauen, dass »mein Kind« rechtzeitig und ordentlich gekleidet und mit einem Pausenbrot versehen in die Schule ging.

Wieder zeigte sich mein Angetrauter den ganzen Tag über von der freundlichsten Seite, schaute mich mit so lieben Augen an, dass es mir ganz warm ums Herz wurde. Am Abend dann, als ich ihm wieder eine Gute Nacht wünschen wollte, hielt er mich am

Handgelenk fest. »Was meinst, Hanni, warum ich dich geheiratet hab?«

»Damit dein Kind endlich eine Mutter hat, damit dir jemand dein Haus versorgt und dir im Stall und auf dem Feld hilft«, antwortete ich aus voller Überzeugung.

»Ich wüsst noch einen Grund.« Dabei schaute er mich mit einem solchen Blick an, dass es mir heiß und kalt den Rücken herunterlief.

An diesem Abend suchten wir die Schlafkammer gemeinsam auf. Und erst von da an fühlte ich mich als rechtmäßige Ehefrau von Anton Eberle.

# Reicher Kindersegen

Im August 1931 wachte ich mitten in der Nacht durch einen ziehenden Schmerz im Rücken auf. Mit zitternden Fingern tastete ich nach den Streichhölzern und zündete die Petroleumlampe auf meinem Nachttisch an, um auf die Uhr schauen zu können. Sie zeigte kurz nach zwei.

Eine Stunde später war der Schmerz abermals da, aber wesentlich stärker als beim ersten Mal. Da er sich nach weiteren zwanzig Minuten in noch stärkerer Form wiederholte, wusste ich, dass es an der Zeit war, meine Schwester Anna zu wecken. Die schlief nämlich bereits seit einigen Tagen neben mir im Ehebett. Der Anton hatte darauf bestanden, dass ich sie zwei Wochen vor der zu erwartenden Niederkunft ins Haus holte.

Im Nu war die Anna hellwach. »Soll ich die Hebamme rufen?«, erkundigte sie sich besorgt.

»Ja, bitte, ich glaub, es geht los.«

Als der Morgen heraufdämmerte, kam meine Schwester mit der Hebamme zurück. Es war dieselbe, die vor elf Jahren bereits bei der Maria Geburtshilfe geleistet hatte, nur dass sie jetzt noch älter und noch gebrechlicher wirkte. Aber was wollte ich machen? Es gab keine andere. Außerdem war mir in meiner Unerfahrenheit das gar nicht aufgefallen, nur Annas Bemerkungen machten mich stutzig, denn meine Schwester hatte auf dem Gebiet der Geburtshilfe insofern Erfahrung, als sie bei der Entbindung einer unserer Schwägerinnen der dortigen Hebamme assistiert hatte.

Allein bei meinem Anblick war die alte Lisa schon ins Lamentieren verfallen: »O Jesses, o Jesses! Ob das gut geht? Hoffentlich passiert dir nicht das Gleiche wie deiner armen Schwester Maria!«

»Was redest da für dummes Zeug, Lisa«, fauchte die Anna sie resolut an. »Hast wirklich so wenig Verstand im Hirn, dass du meinst, mit solchen Reden könntest eine Gebärende ermutigen?«

Diese Worte gaben der betagten Geburtshelferin zum Glück zu denken, und von dem Moment an zog sie es vor, stillschweigend ihre Arbeit zu verrichten. Die Anna war es dann, die mir immer wieder gut zuredete und mich ermunterte. Schon nach wenigen Stunden konnte sie mir einen strammen Jungen in den Arm legen.

Bevor mein Mann zur Alp aufgebrochen war, hatte ich ihn gefragt, welchen Namen ich dem Kind geben sollte. »Das überlass ich ganz dir. Dir wird schon was Rechtes einfallen. Nur, falls es ein Bub wird, nenn ihn nicht Anton, weil's sonst nur Verwechslungen gibt.« Deshalb entschied ich mich für den Namen Friedrich. So hießen mein Vater und mein ältester Bruder, den ich zum Paten oder Götti, wie man bei uns sagt, bitten wollte.

Nur schade, dachte ich, dass ich dem Anton nicht voller Stolz seinen heiß ersehnten Stammhalter präsentieren konnte. Es gab nicht einmal jemanden, den ich als Boten mit dieser freudigen Nachricht hätte zu ihm schicken können. Deshalb würde er erst Ende September von der Existenz seines Sohnes erfahren, wenn er mit dem Vieh nach Hause kam.

Im Jahr darauf benötigte ich Annas und Lisas Hilfe schon wieder. Diesmal war es November und mein Mann zu Hause, sodass er gleich überglücklich einen zweiten Sohn, den Wilhelm, den wir bald nur noch Willi nannten, in die Arme schließen konnte. In jeder freien Minute saß er mit heimlicher Besorgnis an meinem Bett und beobachtete jede meiner Regungen – wohl in Erinnerung an das tragische Erlebnis mit seiner ersten Frau. Erst als ich das Wochenbett verlassen und wieder ganz normal meinen Pflichten nachgehen konnte, schwanden die Sorgenfalten auf seiner Stirn langsam.

Wie froh war ich jetzt, dass wir das Menäli im Haus hatten, denn mit zwei so kleinen Kindern wäre ich ansonsten überfordert gewesen. Während ich das Neugeborene stillte, gab sie dem älteren Brüderchen die Milchflasche oder fütterte es mit Brei.

Diesmal vergingen fast zwei Jahre, bis ich wieder in die Wochen kam. Zum Glück, denn mittlerweile waren meine beiden Ältesten aus dem Gröbsten heraus. Der Sommer neigte sich dem Ende zu, und es würde nur noch wenige Wochen dauern, bis mein Mann von der Alp herabkam. Bevor er ins Gitschental aufgebrochen war, hatte er sich sehr besorgt gezeigt, weil er wusste, dass der Geburtstermin erneut in die Zeit seiner Abwesenheit fiel.

»Mach dir keine Sorgen, Anton«, sagte ich tapfer, um ihn zu beruhigen. »Die beiden ersten Male ist alles gut gegangen, dann wird's auch diesmal ähnlich laufen. Du weißt doch, wir stehen alle in Gottes Hand. Ohne seinen Willen fällt kein Sperling vom Himmel. Wenn der Herrgott will, dass alles gut verläuft, dann tut es das auch. Und wenn er es nicht will, dann kannst du durch deine Anwesenheit nichts verhindern. Dann müssen wir uns dreinfügen.«

»Hast recht, Hanni, dass du mich daran erinnerst. Ich bin nur froh, dass du alles so tapfer erträgst. Es ist halt, weil ich dich so gern hab ... Der Gedanke wär mir schrecklich, dich zu verlieren ... Wenn ich droben auf dem Berg bin, werd ich jeden Tag für dich beten und in Gedanken immer bei dir sein.«

Sicher war es das, was mir half, und mein eigenes Gottvertrauen dazu. Ja, ich hielt es nicht einmal für nötig, meine Schwester zur Entbindung kommen zu lassen. Da die Mena bereits vierzehn Jahre zählte und nicht mehr zur Schule ging, glaubte ich, auf Annas Dienste verzichten zu können. In allem war das Menäli so geschickt, dass sie gewiss den Haushalt allein bewältigen und daneben ihre beiden Halbbrüder versorgen konnte. Im Stall war ja nicht viel zu tun; nur die eine Kuh, die immer unten blieb, musste sie melken. Ein so tüchtiges Mädchen wie meine Stieftochter würde es bestimmt leicht schaffen, auch noch das Neugeborene und mich zu betreuen.

Wie überrascht waren wir aber einschließlich der Hebamme, dass ich statt der erwarteten Tochter gleich zwei weitere Jungen zur Welt brachte. Einen Namen für einen Sohn hatte ich nicht parat und schon gar nicht für zwei. Schließlich war ist fest von einem Töchterchen ausgegangen, das Heidi heißen sollte. Dringlicher als die Namenssuche war allerdings, dass

Hilfe ins Haus kam, denn das hier würde die Kräfte der Vierzehnjährigen übersteigen. Also schickte ich die Mena mit der dringenden Bitte in mein Elternhaus, der Anna Bescheid zu geben, dass sie bei mir doch die Wochenpflege übernehmen solle.

Keine Frage, dass meine Schwester kam und sich um alles kümmerte. Sie erledigte auch die Taufanmeldung beim Pfarrer. »Auf welche Namen sollen denn die beiden kleinen Eberles getauft werden?«, erkundigte sich Hochwürden freundlich. »Ach je, das hat die Hanni mir aufzutragen vergessen«, meinte meine Schwester überrascht. »Wahrscheinlich ist ihr vor Schreck, dass es Zwillinge waren, gar kein Name eingefallen.« Und weil die Anna den weiten Weg nicht noch einmal machen wollte, fragte sie den geistlichen Herrn: »Hätten Sie nicht einen Vorschlag, wie wir die Kinder nennen könnten?«

Der überlegte einen Moment: »Anna, was halten Sie davon, wenn wir die beiden Peter und Paul nennen?«

»Die Idee gefällt mir. Und die Hanni findet's bestimmt auch gut. Aber falls nicht, kann sie's dann zur Not noch ändern?«, vergewisserte sich die Anna. Der Pfarrer bejahte, und damit hatte sich die Sache

Warum hätte ich die Namen ändern sollen? Sie gefielen mir sogar ausnehmend gut, und so wurden meine Zwillinge zwei Tage nach ihrer Geburt auf die Namen Peter und Paul getauft. Bald schon sollte ich sehr froh darüber sein, dass ihre Taufe so rasch erfolgt war. Denn der kleine Paul, der um etwa fünfhundert Gramm leichter war als sein Bruder, wirkte insgesamt etwas schwächlich und bedurfte besonderer

Pflege. Trotz all unserer Bemühungen schafften wir es nicht, ihn am Leben zu halten. Schon wenige Tage nach seiner Geburt mussten wir seine kleine Seele an seinen Schöpfer zurückgeben.

Wir waren alle schrecklich traurig – vor allem darüber, dass sein Vater nie die Gelegenheit erhalten hatte, diesen kleinen Sohn zu Gesicht zu bekommen. Insofern fiel es uns besonders schwer, ihn in die Erde legen zu müssen. Als der Anton aus den Bergen zurückkehrte, freute er sich jedoch uneingeschränkt über den prächtigen dritten Sohn, denn er hatte von dem Ringen um das Leben des kleinen Paul ja gar nichts mitbekommen.

Im Jahre 1935 benötigte ich abermals die Hilfe einer Hebamme, und diesmal war es eine neue, denn die alte Lisa hatte endgültig ihren Dienst aufgeben müssen. Ihre Beine machten nicht mehr mit, was kein Wunder war bei den weiten Wegen, die eine Landhebamme zurücklegen musste, ob winters oder sommers, ob bei Sonnenschein oder Regen, bei Eisglätte oder Schneegestöber. Die Neue hieß Vreni und kam aus der Stadt. Sie würde sich noch wundern, wenn der erste Winter auf sie zukam. Auf jeden Fall kam mit ihr ein frischer Wind in unsere abgelegene Gegend. Das hatte ich beim Einkaufen schon verschiedentlich aufgeschnappt, wenn junge Mütter sich über sie unterhielten.

Vreni betrat meine Kammer, inspizierte Bett, Wickeltisch und Kindswäsche und wäre beinahe gestrauchelt. Ein Brett im Dielenboden war im Laufe der Jahrhunderte so morsch geworden, dass sie mit einem Fuß einbrach.

»Ist denn kein Mann im Haus?«, fragte sie an die Mena gewandt, die gerade heißes Wasser in einem Eimer hereinbrachte.

»Der Vater ist auf der Alp«, gab sie Auskunft.

»Hast keinen Bruder?«, forschte die Geburtshelferin weiter.

»Doch, ja, drei Stück sogar.«

»Und kann von denen nicht mal einer einen Hammer und einen Nagel in die Hand nehmen, um das Brett zu befestigen?«

»Sie sind erst ein, drei und vier Jahre alt«, erklärte meine Stieftochter schmunzelnd.

»Die können uns wohl wirklich nicht helfen«, lachte die Vreni. »Da muss ich halt selbst zum Werkzeug greifen. Wie oft kommen denn die Wehen?«, sagte sie, das Thema wechselnd, zu mir.

»Alle zehn Minuten«, antwortete ich.

»Dann haben wir noch Zeit. Zeig mir schnell das Werkzeug«, bat sie das Mädchen. Wenig später kam sie mit einem Brett, mit Hammer, Zange, einer Säge und Nägeln zurück, entfernte im Nu das morsche Brett, sägte das neue passend zurecht und wollte gerade beginnen, die Nägel einzuschlagen, als sie bemerkte, dass bei mir die Wehen schon dicht aufeinanderfolgten. »Die Nägel müssen warten«, rief sie, wusch sich die Hände und war schon an meiner Seite. Kurz darauf ertönte ein zaghafter Schrei.

»Ist – ist es ein Mädchen?«, wollte ich wissen. Denn dieser Schrei unterschied sich deutlich von dem der ersten drei.

»Und was für ein niedliches!« Mit diesen Worten hielt sie das Kind so, dass ich mich selbst davon überzeugen konnte. »Wie schön!«, rief ich aus, »jetzt kann ich endlich den Namen Heidi verwenden.« Und auch der Anton würde sich bestimmt freuen, dass nach drei Söhnen wieder eine kleine Tochter in unserer Wiege lag.

Unsere Große, die Philomena, machte ihre Sache ganz ausgezeichnet. Sie versorgte mich und das Neugeborene sowie ihre drei kleinen Brüder, als hätte sie nie im Leben etwas anderes getan. Und vernachlässigte darüber auch nicht die Pflichten, die sonst so anfielen.

Im Jahr darauf, noch bevor die Weidesaison begann, wagte Mena, inzwischen sechzehn, abends beim Essen ganz schüchtern die Anfrage, ob sie sich nicht eine Stellung suchen dürfe, sie möchte sich nämlich Geld verdienen.

»Wenn du zu einem Bauern gehst«, erklärte ihr der Vater, »da verdienst so gut wie nichts. Da musst zufrieden sein, wenn du ein Dach über dem Kopf hast und dein tägliches Brot bekommst. Dafür musst nicht weg. Das bieten wir dir auch. Außerdem kannst die Mutter doch nicht allein lassen. Mit den vier kleinen Kindern braucht sie deine Hilfe.«

Bei diesen Worten machte die Mena ein so enttäuschtes Gesicht, dass sie mir in der Seele leidtat. Deshalb sagte ich zu ihr: »Wegen mir brauchst nicht bleiben, Mena. Ich komm schon zurecht. Der Friedel und der Willi sind schon ziemlich verständig und können sogar auf die beiden Kleinen schauen. Was der Vater aber über die Landwirtschaft sagt, da hat er recht. Dort verdienst wirklich kaum mehr als Kost und Logis. Das hab ich schließlich jahrelang mitgemacht. Wenn du wirklich was verdienen willst, musst in die Stadt gehen, entweder als Verkäuferin oder als Arbeiterin in einer Fabrik.«

Sogleich kehrte der Glanz in Menas Augen zurück. »Ja, Mama, genau das hab ich mir gedacht. Meine Freundin Bärbeli, die arbeitet in Altdorf als Verkäuferin in einer Metzgerei. Die hat mir gesagt, dass sie nebenan für den Bäckerladen ein Lehrmädchen suchen. Dort möcht ich mich gern bewerben.«

Sie durfte, und sie wurde angenommen. Aber erst ab September. So lange half sie mir noch in Haus und Garten und Feld.

Wenige Monate danach stellte ich fest, dass ich schon wieder in der Hoffnung war. Nun ja, die Entbindung würde nicht vor Ende Juni sein, und bis dahin war meine Heidi fast zwei Jahre alt und aus dem Gröbsten heraus. Ich würde also gut zurechtkommen. Rechtzeitig bat ich meine Schwester Anna um Beistand, denn seit die Mena in dem Bäckerladen arbeitete, kam sie immer erst spät am Abend nach Hause.

Wieder zog die Anna zwei Wochen vor dem erwarteten Geburtstermin bei mir ein. Ein Segen, denn schon in der ersten Nacht ihrer Anwesenheit ging es los. Was war ich froh und dankbar, dass meine Schwester bei mir war und sich sofort auf den Weg zur Hebamme machte.

Eine Stunde später war auch die Vreni vor Ort. Sie machte ein nachdenkliches Gesicht. »Ich weiß nicht, ich weiß nicht«, murmelte sie vor sich hin. »Dein Bauch ist auffallend dick. Hat es in eurer Familie schon mal Zwillinge gegeben?«

»Ja«, antwortete ich zaghaft, »vor drei Jahren hab ich zwei Buben bekommen, von denen aber einer gestorben ist.«

Es ging dann alles so schnell, dass wir nicht weiter zum Reden kamen. Bald schon hörte ich einen kräftigen Schrei. »Hab ich doch richtig vermutet«, ließ sich die Vreni selbstbewusst vernehmen. »Für ein so kleines Kerlchen war dein Bauch zu dick. Es muss noch ein zweites kommen.«

Nach zwanzig Minuten war dann das zweite Kind da, ein Mädchen. Es war nur um zweihundert Gramm leichter als sein Bruder und hatte eine ebenso laute Stimme. Diesmal blieb die Anna drei Wochen, um mir zu helfen, aber dann musste sie weg, weil auf dem elterlichen Hof die Getreideernte anstand. Nun musste ich sehen, wie ich allein zurechtkam. Und das war schwierig genug – kaum war der zweite Säugling satt und gewickelt, schrie der erste schon wieder, und dazwischen forderten auch die anderen Kinder ihr Recht. Meine Nächte wurden immer kürzer. Wie ich das damals alles bewältigt habe, weiß ich nicht mehr.

Jedenfalls konnte ich meinem Mann, als er am 25. September von der Alp kam, diesmal zwei gesunde Kinder präsentieren. Den Jungen hatte ich Heinrich genannt nach einem Onkel von mir, der bereitwillig die Patenschaft übernahm, und das Mädchen Elisabeth nach der jüngsten Schwester meines Mannes. Es bürgerte sich bald ein, dass die beiden Heini und Elsi gerufen wurden, falls man nicht der Einfachheit halber von den »Zwillingen« sprach.

Im Februar darauf war ich schon wieder schwanger. O lieber Gott, steh mir bei, wie sollte ich das nur schaffen? Das nächste Kind würde im Oktober kommen, wenn die Zwillinge gerade mal fünfzehn Monate alt waren. Irgendwie wird es schon gehen, sprach ich mir selber Mut zu. Vor allem konnte ich dann auf die Unterstützung meines Mannes zählen, weil der Alpsommer längst vorbei war. Trotzdem fragte ich rechtzeitig bei der Anna an, ob sie bereit wäre, Anfang Oktober wieder bei uns den Haushalt zu führen. Zum Glück willigte sie ein: Bis dahin habe man die Ernte so weit herinnen, dass sie für ein paar Tage abkömmlich sei.

Aus den paar Tagen wurden aber wieder einige Wochen, denn ich erholte mich nur langsam von den Strapazen der Schwangerschaft und der Entbindung. Statt des einen erwarteten Kindes lag nämlich erneut ein Zwillingspärchen in der Wiege. Das war für meinen Körper vielleicht doch ein bisschen zu viel gewesen, zweimal Zwillinge innerhalb von fünfzehn Monaten! Das Mädchen nannten wir Johanna und den Buben Walter.

Nicht nur die Arbeit wuchs in unserem Hause schlagartig an, sondern auch die Geldnot. Die vorhandenen Windeln und Babysachen reichten knapp fürs erste Zwillingspaar. Womit nun das zweite Pärchen einkleiden und windeln? Eine neue Ausstattung zu kaufen, daran war nicht zu denken. Zum Glück wusste die Anna Rat – sie beschloss, irgendwo für die Hanni und den Wälti das Nötigste zu leihen. In der unmittelbaren Verwandtschaft war allerdings nichts zu holen, denn die Josefa hatte selbst noch Kleinkinder und bereits bei einer unserer Schwägerinnen geborgt. Deshalb fragte die Anna gleich bei den Cousinen an. Die eine benötigte ihre Sachen jedoch noch selbst, die andere hatte schon alles verschenkt, und die dritte wollte alles aufheben für den Fall, dass noch mal Nachwuchs kam. Cousine Agnes war schließlich die vierte, bei der die Anna vorsprach und die Notlage schilderte, die im Gründlihaus herrschte.

»Ich würde der Hanni ja die Sachen gern geben«, zeigte sich die Agnes verständnisvoll, »aber ich steh dumm da, wenn ich sie selber noch mal brauche.«

»Ach, was willst denn?«, versuchte die Anna sie zu überreden. »Dein Jüngstes ist doch schon fünf. Der Zug ist abgefahren.«

»Sag das nicht, Anna, ich bin gerade mal vierzig. Da ist weiterer Kindersegen nicht ausgeschlossen.«

»Also gut«, fand meine Schwester einen Kompromiss. »Du überlässt uns die Sachen leihweise. Wenn du sie wirklich benötigen solltest, kriegst sie sofort zurück.«

Die Agnes lachte mit säuerlicher Miene: »Ja, ja, was dann noch davon übrig ist! Neu sind die Sachen ohnehin nicht mehr. Wenn sie jetzt noch ein Jahr lang von Zwillingen getragen werden, dann sind doch nur noch Fetzen übrig.«

Trotzdem schaffte die Anna es irgendwie, dass die Cousine ihr die Sachen überließ. Stolz wie ein Torero, der gerade einen Stier bezwungen hat, kehrte sie am Nachmittag mit ihrer Beute heim. Damit war zumindest das Wäscheproblem vorerst gelöst. Mit der Nahrung gab es gottlob keine Schwierigkeiten, denn bei mir floss die Milch so reichlich, dass ich meine Kinder monatelang stillen konnte. Das sparte mir nicht nur die Arbeit des Flaschenkochens, sondern auch eine Menge Geld, die man sonst hätte für Milchpulver ausgeben müssen.

Nach sechs Wochen endlich konnte es meine treue »Wochenpflegerin« verantworten, mich meinem Schicksal zu überlassen, denn daheim wurde sie dringend gebraucht. Schließlich waren die Eltern längst nicht mehr die Jüngsten und kamen ohne ihre Unterstützung auf Dauer nicht aus.

Nun stand ich also da mit acht kleinen Kindern, die Hälfte davon noch im Säuglingsalter. Der Anton half zwar, so gut es ging; aber er hatte schließlich auch seine Arbeit zu machen und konnte auf eine Unterstützung meinerseits überhaupt nicht mehr zählen. Wie üblich kalbte im November zudem eine Kuh nach der anderen. Das bedeutete für ihn, viele Stunden bei Tag und bei Nacht im Stall zu verbringen – abgesehen von der normalen Arbeit wie Melken, Füttern und Ausmisten. Neben den Kühen mussten die Schweine und Hühner versorgt werden, ebenso die Schafe, die wir zur Wollgewinnung hielten. Das tat damals jeder Bauer, weil es die billigste Art war, an Wolle zu kommen.

Der Anton war recht geschickt im Scheren, sodass wir das Geld für den Schafscherer einsparten. Seine Söhne lernte er schon frühzeitig an, damit sie es dereinst ebenso gut könnten. Mir blieb die Mordsarbeit, die Wolle zu waschen. Immer und immer wieder wurde sie geschwenkt, bis sie endlich sauber genug war und gezupft werden konnte, wobei schon bald die kleinen Töchter mithalfen. Zum Verspinnen mussten die Fasern nämlich schön locker sein.

Zwar hatte man die Wolle nur in Wollweiß, in Grau- und in Brauntönen, aber damit war man zufrieden. Hauptsächlich strickten wir Strümpfe daraus, aber auch Jacken und ärmellose Westen. Das Schaffleisch mochten wir eigenartigerweise nicht essen. Wir verkauften ab und zu ein Tier an den Metzger, bei dem immer mal wieder nach Lammfleisch gefragt wurde.

In diesem Zusammenhang fällt mir eine kleine Begebenheit ein. Es war ungefähr in der Mitte eines Monats, da stellte ich fest, dass sich in meinem Geldsäckle nur noch zwanzig Franken befanden. »Wenn jetzt nicht bald Geld ins Haus kommt«, klagte ich beim Nachtmahl, »weiß ich nicht, wie wir den Rest des Monats überstehen sollen.« Meinem Abendgebet fügte ich folgenden Satz an: Lieber Gott, du kennst unsere finanzielle Situation, ich vertrau darauf, dass du uns nicht im Stich lässt.

Am nächsten Tag kam der Metzger und kaufte ein Schaf.

Im Winter begann mein Tagwerk morgens um vier. Gleich nach dem Feuermachen setzte ich den Kessel mit Windeln, Jäckchen und Hemdchen auf den Herd, und nachdem alles die gebührende Zeit gekocht hatte, ging es an die mühselige Handwäsche. Um sechs hing bereits ein Teil der Wäsche um den Herd herum und über dem Herd auf Leinen, die quer durch den Raum gespannt waren, denn bis zum Abend musste alles wieder trocken und verwendungsfähig sein. So viel Wäsche, dass ich einen zweiten Tag hätte überbrücken können, stand einfach nicht zur Verfügung. Was ich nicht gleich wieder brauchte, hängte ich, sobald es hell geworden war, in den Garten. Oftmals war es so kalt, dass die Wäsche auf der Leine bretthart gefror. Und meine Hände auch. Deshalb ließ ich mir von einem meiner Söhne ein Eimerchen mit heißem Wasser hinterhertragen, damit ich zwischendurch meine Hände darin aufwärmen konnte. Im Sommer wurde es zwar mit der Wäsche etwas einfacher, doch ich musste noch früher aufstehen, um alles im Garten aufzuhängen, bevor ich mit meiner Stallarbeit begann und mich anschließend den Kindern widmete.

## Unsere Flickschneiderin

Für mich und meine Familie war es ein Glücksfall, dass meine Schwester Josefa seinerzeit so begierig gewesen war, das Nähen zu erlernen. Aber nicht nur wir im Gründlihaus profitierten davon, sondern auch meine anderen Geschwister. Reihum ging die Josefa in die Familien und erledigte alle anfallenden Näh- und Flickarbeiten. Das Schöne daran war, dass sie es um Gotteslohn tat. Tagelang ratterte dann die alte Nähmaschine, die noch von meiner Schwiegermutter stammte, unter Josefas fleißigen Händen. Zwei bis drei Tage – nur gegen Kost und Logis – blieb die Josefa im Haus und nähte alles, was so anfiel.

Leider konnte ich ihre Fähigkeiten, auch schöne neue Kleidungsstücke zu zaubern, nur selten nutzen. Dazu fehlte einfach das Geld. Meist musste sie sich damit aufhalten, auf zerschlissene Leintücher oder Bettbezüge Flicken zu setzen, zerrissene Bubenhosen, Schürzen und Kleider zu reparieren. Und immer wieder brachte sie das Kunststück fertig, aus zwei unbrauchbar gewordenen Teilen ein neues zusammenzusetzen. Ja, sie fertigte aus Antons abgetragenen Hosen sogar welche für unseren ältesten Sohn an.

Am Anfang meiner Ehe genügte es, wenn sie ein- bis zweimal im Jahr zu uns kam. Je größer aber unsere

Kinderschar wurde, desto schneller wuchs der Berg an schadhaften Textilien an. Und weil wir die Stücke nicht lange entbehren konnten, benötigten wir Josefas Hilfe schließlich mindestens drei- bis viermal im Jahr. Ich freute mich immer, wenn sie kam, denn sie verbreitete stets gute Laune und brachte zudem meist Neuigkeiten aus meiner Familie und aus meinem Heimatdorf mit, denen ich begierig lauschte. Andere Möglichkeiten des Informationsaustausches gab es damals ja kaum.

Obwohl ich meinem Mann gerne und willig nach Seedorf gefolgt war und es auch nicht weit bis nach Spiringen war, hatte ich anfangs ständig ein bisschen Heimweh. Besuche daheim, um die Eltern und Geschwister wiederzusehen, wurden immer seltener. Für Busfahrten Geld auszugeben, das kam nicht infrage, und den Weg zu Fuß zurückzulegen, auch nicht – das wurde mit der wachsenden Kinderschar immer schwieriger und schließlich ganz unmöglich.

Solange wir nur zwei Kinder hatten, machten wir den Weg öfter – da trug ich das jüngere und mein Mann das ältere.

Die Josefa, die bereits einige Jahre vor mir geheiratet hatte – den Rudi, einen braven Mann, der noch eine Weile in der Landwirtschaft seiner Eltern mithalf –, bekam ihr erstes Kind, die Emma, 1933. Das hinderte sie aber nicht daran, regelmäßig ins Gründlihaus zu kommen, um den großen Flickenberg abzuarbeiten. Sobald sie die Kleine nach wenigen Monaten abgestillt hatte, ließ sie die Emma unbesorgt in der Obhut unserer Mutter, vor allem aber in der unserer ledigen Schwestern Anna und Resli.

1935, fast zeitgleich mit meiner Heidi, brachte die Josefa ihren Stammhalter, den Rudolf, zur Welt. Doch schon nach einem halben Jahr erschien sie wieder bei mir, um die angefallenen Näharbeiten zu erledigen. Zwei Jahre später wurde ihr Töchterchen Josi geboren, nur wenige Monate nach meinen Zwillingen Heini und Elsi.

Inzwischen hatten die Eltern von Josefas Ehemann ihr Anwesen dem ältesten Sohn Heinz übergeben, der bis dahin einige Jahre bei einem Handwerker gearbeitet hatte. Für die Josefa und ihre Familie stellte sich nun das Problem, dass die Arbeitskraft ihres Mannes auf dem Hof nicht mehr gebraucht wurde. Außerdem reichten weder der Wohnraum noch das Auskommen für so viele Personen. Da der Rudi und die Josefa keinerlei Besitztümer hatten, waren sie froh, für einige Jahre in meinem Elternhaus wohnen zu können, wo der Rudi in der Landwirtschaft mithalf.

Einige Monate nach der Geburt der kleinen Josi brachte meine Schwester erstmals ihre älteste Tochter mit, als sie zum Nähen zu uns kam, während die beiden jüngeren Kinder in der Obhut von Oma Rosa zurückblieben. Ja, was hatte die Emma für einen Spaß bei uns! Mit ihren Cousins Friedel, Willi und Peter konnte sie nach Herzenslust herumtoben, was mit ihren kleinen Geschwistern daheim noch nicht möglich war. Und die Kinder unseres ältesten Bruders, der das elterliche Anwesen führte, waren schon zu alt, um mit ihr zu spielen, außerdem hatten sie nach der Heimkehr von der Schule bestimmte Pflichten zu erledigen.

Auch bei uns im Haus bestand das Leben nicht nur aus Spiel und Spaß. Sobald eines der Kinder fünf Jahre alt war, wurden ihm erste Aufgaben zugeteilt. Nichts Schweres, denn schließlich wollte ich nicht meine Kinder überfordern und ihnen die Arbeit damit von vornherein verleiden. Aber kleine Hilfeleistungen wie Abtrocknen, den Tisch decken oder Holz hereintragen fand ich zumutbar und auch erzieherisch wichtig. Genau wie ich und meine Geschwister sollten sie von klein auf lernen, frühzeitig Pflichten und Arbeiten zu übernehmen.

Die Emma, die zu Hause von solchen Dingen völlig unberührt blieb, weil ja genügend große Kinder mit anpackten, zog ich ebenfalls zu kleinen Aufgaben heran. Einmal zum Beispiel, während ihre Mutter in der Stube saß und nähte, hatte Emma mir interessiert zugeschaut, wie ich im Waschhaus meine große Wäsche erledigte. Nachdem ich so weit fertig war, trug ich der Fünfjährigen auf: »Du kannst jetzt den großen Bottich putzen.« Ihrem treuherzigen Blick sah ich an, dass sie keine Ahnung hatte, wie sie das anstellen sollte. Deshalb zeigte ich ihr, wie das ging. Lustlos scheuerte sie darin herum, ohne dass er sauber wurde. Ich nahm es kommentarlos hin, lobte sie aber natürlich nicht. Mein Verhalten frustrierte das Kind offenbar, denn anderntags, als die Emma sich mit ihrer Mutter wieder auf den Heimweg machte, sagte sie tief enttäuscht zu ihr: »Ich geh nie, nie mehr wieder mit dir ins Gründlihaus. Da muss ich viel zu viel arbeiten.«

Drei Monate später hatte sie ihren Vorsatz offenbar wieder vergessen – brav und treu kam sie mit ihrer Mutter den weiten Weg angetippelt. Vielleicht überwog auch die Freude, erneut mit ihren lebhaften Cousins zusammen sein zu können, die Angst vor der Arbeit. Jedenfalls packte sie fortan fleißig mit an, wenn meine Kinder irgendwelche Pflichten zu erfüllen hatten. Je mehr halfen, desto eher war man fertig und konnte spielen.

Auch auf das abendliche Schlafengehen freute sie sich immer. Da dauerte es lange, bis Ruhe im Kinderzimmer einkehrte. Erst wurden die Kopfkissen durch die Gegend geworfen, bevor sie sich zu dritt in ein großes Bett legten, es sich gemütlich machten und einander Geschichten erzählten. Es dauerte meist eine geraume Zeit, bis die Augen zufielen und die Plappermäulchen endlich schwiegen

Eines Nachts bekam die Emma einen fürchterlichen Hustenanfall, mit dem sie mir sämtliche Kinder aufweckte. Der Friedel kam zu mir in die Schlafkammer und beschwerte sich: »Du, Mama, die Emma hustet so fürchterlich, dass wir nicht schlafen können. Du hast doch so eine gute Medizin. Davon musst du ihr was geben.«

Ich begab mich hinunter in die Küche, um mein Wundermittel vorzubereiten. Aus Butterstückchen formte ich Kugeln und wälzte diese in Zucker, obwohl der bei uns im Haus sehr rar war, und hielt sie der Emma hin. Die erste Kugel nahm sie nur widerstrebend in den Mund, fand sie eklig – bei der zweiten bekam sie offensichtlich Geschmack daran, denn sie schluckte freiwillig eine dritte. Die Kugeln wirkten so prompt, dass ich den Rest der Nacht ruhig schlafen konnte und meine Kinder ebenfalls. Am folgenden Abend bat die Emma von sich aus um diese Medizin – sie wolle sie vorbeugend schlucken, erklärte sie, damit sie meine Kinder in der Nacht nicht wieder störe. Ich war zwar überzeugt, dass ihrem Hals gar nichts mehr fehlte, doch ich ging trotzdem auf das Spielchen ein und verabreichte ihr zwei frisch in Zucker gewälzte Butterkugeln.

Die Emma war ein gern gesehener Gast im Gründlihaus. Als sie acht wurde, verwirklichten sich ihre Eltern endlich den Traum vom eigenen Heim. Der Rudi hatte seit einigen Jahren eine Stelle in einer Fabrik gefunden und genug zusammensparen können, um davon eine kleines Haus zu bauen.

## Kriegszeit

War die Arbeitsbelastung mit acht gesunden Kindern schon enorm, so wuchs sie ins Riesenhafte, wenn mal eines oder gar mehrere von ihnen krank waren. Noch mit Schrecken denke ich an die Zeit, als es im Sommer 1939 alle meine Kinder erwischte.

Es war im August, mein Mann wie jedes Jahr zu dieser Zeit auf der Alp, da bekam unser gesamter Nachwuchs den Keuchhusten. Der Friedel hatte ihn kurz vor Beginn der Sommerferien von der Schule mit nach Hause gebracht, und eines nach dem anderen steckte sich an. Das waren schlimme Tage und Nächte. Die beiden Kleinsten, die Hanni und den Wälti, hatte es besonders böse erwischt. Immer wieder wurden sie von einem stark ziehenden Husten geplagt, der schier nicht enden wollte.

In der Nacht war es besonders arg, sodass ich oft dachte, sie ersticken mir unter den Händen. Wachend und betend saß ich mal an dem einen, mal an dem anderen Kinderbett.

Zum Glück konnte ich mich auf unseren Hausarzt verlassen, der treu und regelmäßig zum Nachschauen kam, den Kindern Spritzen verabreichte und mir Hustensaft daließ. Außerdem richtete er mich in seiner gleichbleibend freundlichen Art immer wieder auf, wenn ich mutlos zu werden drohte. Dabei musste er in dieser Zeit selbst bis an die Grenzen der Erschöpfung arbeiten, weil der Keuchhusten ja nicht nur uns erwischt hatte, sondern im ganzen Dorf grassierte und zudem in den Nachbarorten, die teilweise zu seinem Einzugsbereich gehörten. Es gab kaum ein Haus mit nicht mindestens einem kranken Kind, meist sogar mit mehreren.

Gegen Mitte August begann sich der Zustand der Kranken langsam zu bessern. Der Doktor schaute sich noch einmal alle der Reihe nach an und konstatierte: »Jetzt sind sie über den Berg, Frau Eberle-Gisler, und nach menschlichem Ermessen wird nichts mehr passieren.« Er legte eine kleine Pause ein, ehe er fortfuhr: »Dafür kommt eine andere Gefahr auf uns zu. Gegen die bin ich aber leider machtlos.«

»Was kann das sein?«, fragte ich bestürzt.

»Wir müssen uns darauf gefasst machen, dass es in zwei Wochen Krieg gibt.«

»Aber wie können Sie so etwas prophezeien, Herr Doktor?«, sagte ich in vorwurfsvollem Ton, »es ist doch alles friedlich ringsum.«

»Leider nein. Es kocht und brodelt um uns herum. Ganz Europa ist wie ein Bienenschwarm kurz vor dem Ausbruch. Der Wahnsinnige, der in Deutschland seit einigen Jahren an der Regierung ist, trifft schon seit Langem seine Vorbereitungen. Der kann jeden Moment losschlagen. Ja, vielleicht dauert es nicht mal mehr zwei Wochen.«

»Aber Herr Doktor, woher wollen Sie denn das wissen?«

»Ich lese Zeitungen und höre Radio.«

»Zeitungen lese ich auch«, gab ich zurück, »aber darin steht nichts von Kriegsvorbereitungen.«

»Ja, in unserem bescheidenen Urner Wochenblatt findet man so etwas natürlich nicht. Selbst in den großen überregionalen und ausländischen Zeitungen nicht direkt. Da muss man zwischen den Zeilen lesen können. Und vor allem weiß ich es vom Rundfunk, von ausländischen Sendern.«

Ein Radiogerät besaßen wir leider nicht. Wohl wusste ich, dass es so etwas gab, dass man damit Musik und Stimmen hören konnte, aber eines gesehen oder gehört hatte ich noch nie. Dennoch wehrte ich mich gegen die Vorhersagen unseres Hausarztes entschieden, als ob ich damit etwas verhindern könnte. Von Krieg wollte ich nichts wissen, schon gar nicht von einem Krieg in meinem Land. Immerhin hatte ich fünf Söhne. Sollten die mir durch den Krieg entrissen werden? Hatte ich sie etwa unter Schmerzen geboren und unter größten Entbehrungen aufgezogen, damit sie auf dem Schlachtfeld vielleicht ihr Leben ließen? Sicher, sie waren jetzt allesamt noch zu jung, um zum Kriegsdienst herangezogen zu werden. Aber – so erinnerte ich mich aus meinen Schulunterricht – es hatte Kriege gegeben, die viele Jahre, ja sogar Jahrzehnte gedauert hatten, zum Beispiel der Dreißigjährige Krieg oder gar der Hundertjährige Krieg, die beide Generationen von Söhnen verschlungen hatten. Auch bangte ich um meinen Mann. Er war noch nicht zu alt, um zu den Waffen gerufen zu werden.

»Nein, nein«, beharrte ich, als ob ich es in der Hand hätte, über die politische Entwicklung zu bestimmen. »Es darf keinen Krieg geben«, und dann, in plötzlicher Erkenntnis, fügte ich hinzu: »Es wird keinen Krieg geben – jedenfalls nicht bei uns. Wir sind doch ein neutrales Land.«

»Das weiß ich auch. Ob sich aber dieser Verrückte daran hält, das weiß man nicht. Was nützt uns unsere Neutralität, wenn er unsere Grenzen missachtet und über Nacht einmarschiert? Wie es die Deutschen zu Kaisers Zeiten im Ersten Weltkrieg mit Belgien gemacht haben. Und jetzt erst dieser Hitler. Dagegen müssen wir uns doch wehren. Wir können uns schließlich nicht tatenlos von ihm überrennen lassen.«

Die Worte unseres Doktors blieben nicht ohne Eindruck auf mich. Die folgenden Tage verbrachte ich in Angst und mit Gebeten. Immer wieder flehte ich, Gott möge das Schlimmste nicht eintreffen lassen. Aber nichts half, dem Wahnsinn, der in unserem Nachbarland seinen Ausgang nahm, Einhalt zu gebieten. Am 1. September 1939 brachten die Kinder die Schreckensbotschaft von der Straße mit nach Hause: »Es ist Krieg ausgebrochen. Deutschland ist in Polen eingefallen.«

Polen war weit weg, dachte ich. Für meine Begriffe lag es am anderen Ende der Welt. Trotzdem sprach man seit diesem Tag an jeder Straßenecke von nichts anderem, und sosehr ich die Ereignisse aus meinen Gedanken zu verbannen suchte, holten sie uns schon nach wenigen Tagen ein. Selbst bis in die Abgeschiedenheit des Gründlihofs streckte der Krieg seine Krallen aus. Und zwar in Form eines amtlichen Schreibens, in dem die Rede war von Mobilmachung und dass der Bauer Anton Eberle-Gisler, geboren am 2. Februar 1894 zu Seedorf, aufgefordert werde, umgehend einzurücken.

Mein Gott, jetzt war es so weit, dachte ich. Was sollte ich nur machen? Der Anton war doch im Gitschental, viele Stunden von zu Hause entfernt. Wenn das Wetter hielt, würde er noch bis zum 25. September auf der Alp bleiben. In dem Schreiben aber stand, er habe sich unverzüglich bei der zuständigen Behörde zu melden. Was tun? Soll ich etwa in die Berge steigen, um ihm das Schreiben zu bringen? Das war schier unmöglich mit acht zum Teil noch kleinen Kindern, die ich stundenlang unbeaufsichtigt zurücklassen müsste. Oder sollte ich das Schreiben einfach bis zum 25. September zurückhalten? Das könnte allerdings böse Folgen haben.

Mit meiner Entscheidung war ich völlig auf mich gestellt. Es gab niemanden in der Nähe, der mir hätte raten können. Und erst recht niemanden, um dem Anton die Nachricht zu überbringen oder ihn gar da oben abzulösen. Schwäger und Brüder wohnten alle zu weit weg und hatten vermutlich selbst so eine Aufforderung erhalten. Mein Ältester, der Friedel, schien mir mit seinen acht Jahren kaum geeignet, und die Mena, die es hätte machen können, war berufstätig und fiel infolgedessen ebenfalls aus.

Wenn ich meinen Mann benachrichtigte – egal wie –, würde er mit seiner Herde um zwei Wochen früher absteigen müssen. Aber jeder Tag, den die Tiere weniger auf der Bergweide verbrachten, bedeutete einen Tag mehr an Stallfütterung. Und das, wo unsere Futtervorräte ohnehin immer nur ganz knapp über die lange Wintersaison reichten. Wie ich auch hin und her überlegte, es gab nur eine Lösung: Der Friedel musste auf die Alp, um seinem Vater das

Schreiben zu überbringen. Ich hoffte inständig, alles würde gut funktionieren, denn zumindest war ihm der Weg bekannt, weil er Ende Juni den Anton zum ersten Mal als Treiber begleitet hatte. Gemeinsam mit einem nur wenig älteren Nachbarbuben, der ebenfalls seinem Vater beim Almauftrieb half, war er anderntags wohlbehalten zurückgekommen.

Trotzdem hatte ich Bedenken, den Friedel die ganze Strecke allein gehen zu lassen. Für den Aufstieg benötigte ein erwachsener Mann über vier Stunden, um wie viel länger würde da ein Kind brauchen. Aber es half nichts.

Damit er nicht ganz allein war, schickte ich noch seinen um ein Jahr jüngeren Bruder Willi mit. So hatte er wenigstens Gesellschaft und jemanden, mit dem er sich unterhalten konnte. Beiden schärfte ich ein, nicht vom Weg abzuweichen, sich nicht zu streiten und vor allen Dingen den Brief nicht zu verlieren.

Am frühen Sonntagmorgen wanderten die beiden Buben, versehen mit Proviant, los. Sie müssen ihre Sache gut gemacht haben, denn bereits am Spätnachmittag hörte ich unsere Kühe laut und unzufrieden muhend auf unser Anwesen zusteuern. Dazwischen vernahm ich das ferne Angelusläuten unserer Kirchenglocken. Nur bei einer bestimmten Windrichtung gelangte ihr Schall bis zu uns hinüber. Mein Mann hatte das Glockengeläut ebenfalls deutlich wahrgenommen und erzählte mir beim Abendessen, dass er dabei eine Gänsehaut bekommen habe. Beim Klang der Glocken habe sich ihm der Gedanke aufgedrängt: Abschiedsglocken – Totenglocken.

»Ach, Unsinn«, versuchte ich, gegen meine innere Überzeugung, seine trübsinnigen Gedanken zu vertreiben. »Es war ein Begrüßungsläuten, ein Wiedersehensläuten. Du gehst ja nicht für lange weg und schon gar nicht zum Fronteinsatz. Es ist doch nur eine Vorsichtsmaßnahme, dass man die wehrfähigen Männer zusammenruft.«

Dennoch flossen die Abschiedstränen am nächsten Morgen reichlich, als er sich auf den Weg in eine ungewisse Zukunft begab.

Den Anton quälte schrecklich die Sorge, was während seiner Abwesenheit aus Frau und Kindern würde. Hinzu kam, dass ich ihm am Abend zuvor anvertraut hatte, dass es noch nicht vorbei sei mit unserem Kindersegen.

Mich dagegen belastete die Sorge um sein Wohlergehen und auch um sein Leben. Wie würde es ihm ergehen, so weit weg von zu Hause? Und wenn die Schweiz doch in den Krieg verwickelt würde und er an die Front müsste?

Zunächst musste er nach Andermatt, so stand es auf seinem Marschbefehl. Vom Bahnhof aus ging es mit vielen Kameraden, braven Bauern und Familienvätern wie er, die aus den unterschiedlichsten Regionen eingetroffen waren und ebenso plötzlich ihre Einberufung erhalten hatten, zum Schulhaus, wo sie die Nacht auf Strohsäcken schliefen. Am nächsten Morgen fuhren sie weiter nach Solothurn und wurden dort ebenfalls in einem Schulhaus einquartiert.

Diese Einzelheiten erfuhr ich aus dem ersten Brief, den der Anton nach Hause schreiben konnte. Dann hörte ich lange Zeit nichts mehr von ihm, und ich wusste nicht, ob das ein gutes oder ein schlechtes Zeichen war.

Mir blieb allerdings nicht viel Zeit, mich mit Jammern und Wehklagen aufzuhalten, denn an mir hing schließlich die ganze Arbeit – nicht mehr nur wie bisher mit Kindern und Haushalt, jetzt musste ich mich zusätzlich um den Stall und die Tiere kümmern. Außer diesen täglichen Pflichten stand mir wie ein Schreckgespenst die Ernte bevor. Wenn wir nicht rechtzeitig den Mais vom Halm und die Kartoffeln aus der Erde bekamen, war unser Auskommen für den Winter gefährdet. Außerdem musste Brennholz gemacht werden. Für den kommenden Winter hatten wir noch genug, aber man musste vorsorgen, weil Holz erst nach zweijähriger Lagerung zum Verfeuern verwendet werden kann. Bisher hatte der Anton unser Holz immer im November gefällt und heimtransportiert, wobei ihm ein Nachbar zur Hand zu gehen pflegte, dem er dann im Gegenzug half. Jetzt aber waren beide Männer weg und guter Rat teuer – eine so schwere Arbeit konnten der Friedel und der Willi noch nicht übernehmen, obwohl sie sonst schon ganz schön mit anpackten. Gemeinsam mühten wir uns auf den Maisfeldern und auf dem Kartoffelacker ab, ohne jedoch recht voranzukommen.

Nach einer Woche war ich mit meiner Kraft am Ende. Ich ließ alles liegen und stehen, begab mich zum Gemeindepräsidenten, wie bei uns der Bürgermeister hieß, und schilderte ihm unsere Not. Mit Erfolg, denn schon am nächsten Tag schickte er einen Mann, der bei uns aushelfen sollte. Der Matthis, für den Militärdienst schon zu alt, sollte für fünf Franken in der Woche, bei freier Kost und Logis, auf unserem Hof arbeiten. Eigentlich war er ein armer Teufel, und sein Schicksal rührte mich sehr. Als Findelkind in einem Altersheim gelandet, hatte er dort sein ganzes Leben verbracht. Vielleicht die Ursache dafür, dass er geistig ein bisschen zurückgeblieben war. Zwar hatte er zwei gesunde, kräftige Hände, doch war er arg unzuverlässig und arbeitete nur, wenn ich danebenstand. Was auch nicht Sinn der Sache war, blieb doch dann meine Arbeit liegen.

Schließlich wusste ich mir nicht anders zu helfen, als ihm am Nachmittag, wenn die Kinder von der Schule daheim waren, abwechselnd die beiden ältesten Söhne zur Seite zu stellen. Auch wenn der launische Alte nicht immer ihren Anweisungen folgte, war es doch besser als nichts. Manchmal jedoch halfen nur Drohungen, auch wenn mir das eigentlich gegen den Strich ging. Man brauchte nur das Wort Altersheim zu erwähnen, und schon spurte der Matthis. Es war nicht recht, das weiß ich, doch manchmal wusste ich mir keinen anderen Rat.

So vergingen die Herbst- und Wintermonate, wir brachten den Mais und die Kartoffeln ein und legten unseren Holzvorrat für den übernächsten Winter an. Das heißt, der Matthis und ich fällten mit der großen Waldsäge die Bäume im Gemeindewald, die der Förster für uns markiert hatte. Motorsägen kannte man ja noch nicht. Die Äste entfernen, das übernahm mein Knecht alleine, und meine Hilfe war erst wieder vonnöten, wenn es ans Zersägen ging. War das Holz entsprechend zerkleinert, spannten wir zwei brave Kühe vor den Wagen und fuhren zum Wald hinaus.

Andere Zugtiere wie Ochsen oder Pferde hatten wir nicht, die waren zu teuer. Als ich gerade damit anfing, mit dem Matthis das Holz auf den Wagen zu laden, kam unser Förster des Weges. »Aber Gründlimutter«, rief er entsetzt aus, »das ist doch keine Arbeit für eine Frau.«

»Da haben Sie schon recht, Herr Förster, noch dazu, wo ich in anderen Umständen bin. Aber was will ich machen? Mein Mann ist eingezogen worden, und wenn ich mit meinen Kindern nicht erfrieren will, muss ich eben selbst beim Holzmachen helfen.«

»Nein, nein, das lass ich nicht zu. Sie gehen jetzt schön nach Hause, und ich helfe dem Knecht, bis die Fuhre voll ist. Und für morgen schick ich ihnen den alten Gemeindediener vorbei.« Was er auch wirklich tat. Als wir die Fuhre daheim hatten, halfen die Buben dem Matthis dabei, das frische Holz aufzuschichten, das alte zu sägen und zu hacken, damit die Stücke die richtige Größe für den Ofen bekamen.

Im Frühjahr war ich von dem ganzen Hin und Her mit dem Matthis so zermürbt, dass ich mich erneut aufmachte zum Gemeindepräsidenten und ihm mein Leid klagte. Doch der gute Mann zuckte nur mit den Schultern: »Ja, meine liebe Frau Eberle-Gisler, in diesen schweren Zeiten dürfen wir nicht wählerisch sein. Ich habe wirklich niemand anderen, den ich Ihnen schicken könnte.« Also begab ich mich wieder nach Hause und plagte mich weiter mit dem Matthis ab.

Von meinem Mann erhielt ich in unregelmäßigen Abständen Post. So sehr ich mich auch über seine Lebenszeichen freute, so ernüchtert war ich jedes Mal nach dem Lesen seiner Briefe. Denn aus denen ging hervor, dass kein Ende seines Militärdienstes abzusehen und die Gefahr, dass es für ihn doch noch zu einem Fronteinsatz kommen konnte, längst nicht gebannt war. Und die Zeit meiner Niederkunft rückte immer näher.

Der einzige Lichtblick in jenen trüben Zeiten war, dass der Anton zu Ostern für eine Woche auf Urlaub kam. Die Kinder freuten sich ebenso wie ich, zumal er von seinem ersparten Wehrsold für jedes einen kleinen Schokoladenhasen und ein paar Zuckereier mitbrachte. So etwas hatten sie noch nie gesehen. Bei uns ging es normalerweise zu Ostern immer sehr bescheiden zu. Es gab für jedes Kind zwei oder drei Hühnereier, je nachdem, wie gut die Hühner legten. Die färbte ich – damit sie mehr hermachten – mit gekochten Zwiebelschalen in drei verschiedenen Brauntönen, wie ich das von meiner Mutter gelernt hatte. Teure Eierfarben, wie sie in den Haushalten, wo ich in Stellung gewesen war, verwendet wurden, konnten wir uns nicht leisten. Außerdem hielt ich sie für ungesund, weil oft etwas von der Farbe in die Eier eindrang.

Der erste Ostertag fiel auf den 24. März, und den Termin für die Geburt unseres neunten Kindes hatte die Hebamme für den 2. April errechnet. Vielleicht kam es ja ein bisschen zu früh, hoffte ich, damit sein Vater die Geburt noch miterleben konnte. Aber diesen Gefallen tat uns das Kind nicht. Am 28. März musste der Anton wieder zu seiner Einheit zurück, ohne dass sich bei mir was gerührt hätte. Zuvor war er nach Spiringen gegangen, um meine Schwester Anna zu holen, damit sie mir in meiner schweren

Stunde und in der Zeit des Wochenbetts wieder zur Seite stand.

Bisher hatte der Anton nie gewollt, einem Sohn seinen Namen zu geben. Bei seinem Abschied am frühen Morgen des 28. März jedoch flüsterte er mir zu: »Jetzt wär's mir schon recht, wenn du das Kind, falls es ein Knabe wird, Anton nennst, und wenn es ein Maidli wird, fänd ich Antonia schön.«

»Aber gewiss. Wir hätten schon längst einen kleinen Anton, wenn du nicht immer ausdrücklich gesagt hättest, du willst keinen.«

»Ja«, lächelte er verschämt, »aber jetzt ist's etwas anderes. Man weiß ja nicht, was passiert. Da wär's mir schon lieb, wenn mein Name weiterlebt.«

»Aber geh, Anton, so schwarzsehen sollst doch nicht«, erwiderte ich lächelnd, obwohl mir nach Weinen zumute war.

Das Kind ließ weiterhin auf sich warten. Auch zum errechneten Termin machte es keine Anstalten zu kommen. Tag um Tag verstrich.

»Mir scheint, das Kind scheut sich, in eine Welt einzutreten, die in Krieg und Gräueltaten verstrickt ist«, klagte ich meiner Schwester, nachdem ich bereits zehn Tage über die Zeit war. Aber es wurde uns noch mehr Geduld abverlangt.

Fünfzehn Tage nach dem Termin hatte es der Kleine dafür plötzlich sehr eilig. Mitten in der Nacht gingen die Wehen los, und gleich so stark, dass ich froh war, die Anna im Nachbarbett zu haben. Sie warf sich in ihre Kleider, sauste los und kam schnellstmöglich mit der Hebamme zurück. Dennoch ging die Sache äußerst knapp aus. Kaum streckte die Vreni den

Kopf zur Tür herein, stürzte sie auf mich zu – und im nächsten Moment hielt sie einen kräftigen Jungen in der Hand, der die Welt mit einem unüberhörbaren Schrei begrüßte.

Am folgenden Tag schrieb ich meinem geliebten Mann: »Der Anton ist endlich angekommen! Ein richtiger Herkules von über acht Pfund! Wie du's gewünscht hast, trägt er deinen Namen. Das bedeutet aber nicht, dass du nicht zurückkommen wirst. Im Gegenteil, jetzt musst erst recht wieder heimkehren. Der Prachtbursche soll doch nicht ohne Vater aufwachsen.«

Im Stillen hatte ich gehofft, auf diese freudige Nachricht hin werde man dem Anton einige Tage Sonderurlaub bewilligen, doch sein Ersuchen wurde rundweg abgelehnt. Nun hoffte mein Mann, wenigstens für die Roggenernte freigestellt zu werden. Zu unser aller Enttäuschung wurde auch diesem Antrag nicht stattgegeben. Die Begründung lautete, gerade in dieser Zeit brauche das Vaterland jeden Mann, was den Anton sehr verärgerte, wie seinen Zeilen zu entnehmen war. »Angeblich können sie nicht auf mich verzichten. Dabei machen wir hier nur blödsinnige Übungen, und daheim bleibt die Arbeit liegen.«

Ich will gar nicht davon sprechen, wie schwer für mich die Monate nach Klein-Antons Geburt wurden. Den einzigen Trost, den es für mich gab, fand ich im Gebet. Jeden Abend, bevor mir die Augen zufielen, bat ich den lieben Gott, er möge den Kindern ihren Vater und mir den Mann erhalten.

Inzwischen hatten der Matthis und ich uns so weit aneinander gewöhnt, dass ich besser mit seinen

Launen zurechtkam und er damit, dass er arbeiten musste. Mit unseren Rindviechern war er mittlerweile so vertraut, dass ich es wagen konnte, ihn mit der Herde auf die Alp zu schicken. Vorher musste er mir aber noch den größten Teil der Wiesen mähen, denn das wäre für mich zu anstrengend geworden. Ich wusste zwar von Jugend auf mit der Sense umzugehen, aber ich hätte es einfach zeitlich nicht geschafft. Mit dem Heuwenden, das damals ebenfalls noch von Hand mit dem Holzrechen erledigt wurde, hatte ich gerade genug zu tun. Immerhin halfen mir der Friedel und der Willi schon ein bisschen, natürlich mit kleineren Rechen.

Ihren Einsatz fand ich wichtig. Nicht nur, weil der Vater fehlte, teilte ich ihnen diese Aufgaben zu, sondern sie sollten sich früh mit landwirtschaftlichen Arbeiten vertraut machen – davon würden sie ja vermutlich einmal leben müssen. Sobald das Heu trocken war, halfen sie auch beim Einbringen, was auf unseren steilen Wiesen nach alter Väter Sitte gemacht werden musste, wie ich das selbst zu Hause gelernt hatte. Am Fuße der Wiese breitete ich zwei Seile über Kreuz aus, und dorthin schleppten wir immer so viel Heu, wie wir mit zwei Armen tragen konnten. Schien mir das Bündel groß genug, zurrte ich die Seile zusammen, lud mir den Packen auf den Rücken und trug ihn heim. Für die beiden Kinder schnürte ich natürlich kleinere Bündel.

In diesem Sommer konnten wir uns über die Heuernte nicht beklagen. Das Gras war gut gewachsen und ergab eine solche Menge Heu, dass mir um den kommenden Winter von dieser Seite her nicht bange war. Auch das Wetter meinte es mit uns gut. Tagelang brannte die Sonne hernieder, und wir kamen ganz schön ins Schwitzen. Aber besser so als anders. Im Gegenteil, wir waren dankbar, dass wir unser Winterfutter trocken unter Dach und Fach brachten.

Ende Juni stieg der Matthis mit unserer Herde, die wir etwas verkleinert hatten, auf die Bergweide. Zur Unterstützung beim Auftrieb gab ich ihm meine beiden ältesten Söhne mit. Sie sollten dem Alten vor allem dabei helfen, die richtige Weide zu finden, und ihm in der Hütte alles zeigen. Schließlich kannten sie sich ganz gut aus. Mit dem Rest würde der Matthis klarkommen. Die Kühe würden ihn schon rechtzeitig daran erinnern, dass sie gemolken werden wollten. Er brauchte weder Butter noch Käse zu machen. Seine Arbeit beschränkte sich aufs Melken und darauf, beim Nachbarn die Milch morgens und abends abzuliefern. Das einzig Schwierige war, dass er die volle Kanne einige hundert Meter weit schleppen musste.

Dieser Nachbar, der eine größere Sennerei betrieb, kaufte von allen umliegenden Älplern die Milch auf und verarbeitete sie zu Butter und Käse. Wenn er genug beisammen hatte, wurde die Ware von einem seiner Angehörigen abgeholt und im Dorf in einer Verkaufsstelle angeboten. Im Gegenzug wurden bei dieser Gelegenheit für die Älpler Lebensmittel auf die Alp gebracht, vor allem Brot. Milch, Butter und Käse hatten sie ja reichlich, und Trockenfleisch nahmen sie sich beim Aufstieg mit.

Mein Mann gab es unterdessen nicht auf, immer neue Urlaubsgesuche zu stellen. Ende September war es endlich so weit. Da er schon lange nicht mehr berücksichtigt worden sei, hieß es, bekomme er zwei Wochen frei. Das passte genau für die Mais- und die Kartoffelernte. Unser kleiner Toni war also bereits fünf Monate alt, als sein Vater ihn zum ersten Mal zu Gesicht bekam. Seine leuchtenden Augen werde ich nie vergessen. Er drückte und herzte ihn mehr, als er es jemals bei einem seiner anderen Kinder getan hatte.

Erst ernteten wir also den Mais, dann ging es hinaus auf den Kartoffelacker. Die ganze Familie, außer unserem Kleinen, der brav in seinem Kinderwagen am Feldrand schlummerte, musste helfen. Der Vater und der Knecht gingen vorneweg und holten mit vierzinkigen Hacken die Knollen aus der Erde. Ich und die meisten Kinder, selbst die drei- und zweijährigen Zwillinge, folgten ihnen und sammelten die Kartoffeln in Körben ein. Allerdings waren die jüngeren Kinder keine wirkliche Hilfe. Wir ließen sie aber gewähren, damit sie beschäftigt und unter Aufsicht waren. Schaden konnten sie ja keinen anrichten. Die beiden Großen versahen den Pendeldienst, holten bei den Sammlern die Körbe ab, sobald sie voll waren, schleppten sie zum Feldrand zu den bereitstehenden Säcken und brachten sie leer auf den Acker zurück. Über dreißig Zentner füllten wir auf diese Weise ab – eine Menge, mit der wir ein Jahr lang gerade so über die Runden kamen.

Als wir mitten im schönsten Arbeiten waren, tauchte plötzlich – wie aus dem Boden gewachsen – auf dem Feldweg ein Mann in Uniform auf. Ohne dass ich viel Ahnung vom Militär hatte, erkannte ich sogleich, dass es sich um einen Offizier handelte. Es war niemand anderes als Antons Vorgesetzter.

Mein Mann grüßte respektvoll, wie er das in seiner Ausbildungszeit gelernt hatte. Der Offizier aber schnauzte ihn an: »Nanu, Eberle, was soll man dazu sagen? Sie haben um Urlaub gebeten und machen Kartoffeln aus!«

Diese Situation war mir so peinlich, dass ich mich am liebsten in ein Mauseloch verkrochen hätte. Wie würde sich mein Mann da herausreden? Zu meiner Verblüffung versuchte er das erst gar nicht und zeigte auch keinerlei Verlegenheit, blieb vielmehr die Ruhe selbst. »Ja, was glauben Sie, wovon meine neun Kinder im Winter leben sollen, während ich meiner Pflicht dem Vaterland gegenüber nachgehe?«

Der Vorgesetzte tippte sich mit dem rechten Zeigefinger an die Mütze und verschwand ebenso plötzlich wieder, wie er aufgetaucht war. Später stellte sich heraus, dass er mit einer kleinen Gruppe ganz in der Nähe Quartier bezogen hatte und bei einem Spaziergang zufällig an unserem Feld vorbeigekommen war.

## Ein schmerzhaftes Weihnachtsgeschenk

Weihnachten wurde bei uns äußerst bescheiden gefeiert. Das kannte ich schon von zu Hause nicht anders. In meiner Kindheit war der Christbaum die Hauptsache gewesen, dazu die Geschichte von der Geburt Jesu, die vorgelesen wurde. Geschenke gab es so gut wie keine. Und ähnlich ging es im Gründlihaus zu. Aber man konnte auch mit kleinen Dingen große Freude bereiten.

Unsere Große, die Philomena, besaß eine Puppe, die meine Schwester Josefa aus Stoff- und Wollresten gefertigt hatte, als das Kind drei Jahre alt war. Von da an gab es für diese Puppe jedes Jahr zu Weihnachten ein neues Kleid.

1938, die Mena war bereits achtzehn und stand voll im Berufsleben, da suchte sie die alte Puppe aus den Ecken hervor und legte sie für ihr dreijähriges Schwesterchen Heidi unter den Baum. Wie strahlten da die Augen der Kleinen! Im Jahr darauf gab es dann für die zweijährige Elsi ebenfalls eine von der Josefa gefertigte Puppe, damit die Kleine nicht neidisch oder gar eifersüchtig wurde. Und wieder ein Jahr später lag zu Weihnachen für die Hanni, die zwei geworden war, auch eine Puppe auf dem Gabentisch. »Sonst gibt's nur Streit«, erklärte meine Schwester. Für die Söhne, die einer nach dem anderen geboren wurden, sägte mein Mann Holzstücke so zurecht, dass man sie als Bauklötze verwenden konnte. Und wirklich wussten die Jungen höchst fantasievoll damit zu spielen.

Darüber hinaus gab es Gebäck, sogenannte Knüplätzchen oder Gutsle. Da konnten die Zeiten noch so schlecht sein, die gehörten zu Weihnachten. Irgendwie schaffte ich es immer, ein bisschen Geld abzuzuwacken für Zucker, Rosinen und Weizenmehl. Am Heiligen Abend, wenn alle Kinder im Bett lagen, backte ich fast bis Mitternacht, während mein Mann und die Mena in die Mette gingen. Ich hätte ohnehin wegen der Kinder nicht mitgehen können. Mit der Stalllaterne wanderten Vater und Tochter eine Dreiviertelstunde durch die meist tief verschneite Landschaft zur Kirche. Sobald eines der anderen Kinder die Schule besuchte, hielten wir es für alt genug, die Wanderung zur Christmette mitzumachen. Denn schließlich war der Weg zur Schule nur um etwa zweihundert Meter kürzer als der zur Kirche.

Die Bescherung fand bei uns in der Dämmerung des Weihnachtsmorgens statt, sobald die Tiere versorgt waren. Wie strahlten die Kinderaugen, wenn sie den Lichterbaum erblickten! Ein Satz Kerzen musste übrigens bei uns drei Jahre halten, und so war es schon was Besonderes, wenn die Lichter brannten. Ein paar Silberfäden hingen noch in den Zweigen und sogar einige silberne Kugeln und Vögli, an denen die Kleinen die größte Freude hatten. Man musste allerdings aufpassen, dass sie die Vögelchen nicht vom Baum pflückten, um damit zu spielen.

Ganz wichtig war außerdem die Krippe. Die Kinder bestaunten sie jedes Jahr und versuchten immer etwas Neues zu entdecken. Und das gab es wirklich, denn der Anton hatte sie aus einer Baumwurzel und mit Baumrinde gebastelt, nachdem unser erstes Kind geboren worden war, und Figuren geschnitzt.

Zunächst hatten wir nur die Krippe mit dem Jesuskind, doch im Jahr darauf folgten Maria und Josef, und so kam nach und nach immer mehr dazu: die Könige, die Hirten und der Engel, die Tiere. Die Krippe in der Kirche war natürlich viel größer und prächtiger als die unsere und hatte farbige Figuren, doch unser kleines Kripplein liebten wir mindestens ebenso.

Obwohl ich alles so liebevoll hergerichtet hatte wie immer, war das erste Weihnachtsfest ohne Vater ein sehr trauriges. Da der Krieg erst wenige Monate zuvor begonnen hatte, herrschte absolute Urlaubssperre. Man glaubte auf keinen Mann verzichten zu können für den Fall, dass die deutsche Wehrmacht in das neutrale Nachbarland eindringen würde. Im Jahr darauf bekam der Anton zu Weihnachten ebenfalls keinen Urlaub, weil er – so die Begründung – schließlich im Herbst zwei Wochen Urlaub gehabt habe. Das mussten wir einsehen, und immerhin war seine Anwesenheit bei der Mais- und Kartoffelernte für uns ungleich wichtiger gewesen. Die Mena und ich bemühten uns also, für die Kleinen das Fest so schön wie möglich zu gestalten. Dennoch klagte das eine oder andere: »Wie schade, dass der Papa nicht da ist.«

»Nicht traurig sein, Kinder«, versuchte ich zu trösten, »vielleicht ist der Krieg ja im nächsten Jahr zu Ende, und der Papa kann für immer bei uns bleiben.«

In der Realität sah es allerdings keineswegs danach aus. Immer mehr Länder wurden in das Kriegsgeschehen einbezogen, und wir bangten von Tag zu Tag, wann es auch uns in der Schweiz treffen würde.

Ostern 1941 endlich durfte der Vater wieder für einige Tage heimkommen. Aber auch diese Zeit ging erneut überwiegend für allerlei anfallende Arbeiten drauf. Vor seiner Abreise besprachen wir, dass er sich darum bemühen sollte, zur Kartoffelernte freigestellt zu werden, selbst wenn wir dafür zum dritten Mal auf seinen Weihnachtsbesuch verzichten mussten.

Genauso geschah es auch. Nachdem die Kartoffeln eingekellert waren, blieb dem Vater gerade noch ein bisschen Zeit, ein kleines Pferd aus Holz zu schnitzen. »Damit der Toni zu Weihnachten wenigstens etwas von seinem Vater hat«, erklärte er verlegen, als die Abschiedsstunde kam. Der Herbst und die Adventszeit gingen wie der Rest des Jahres mit Arbeit dahin. Der Matthis plagte sich, so gut er konnte, und unsere beiden Ältesten, inzwischen zehn und neun Jahre alt, waren mittlerweile eine wirkliche Hilfe. Sogar den Christbaum besorgten sie ganz allein. Am Tag vor Heiligabend schlichen sie sich, wie damals üblich, nach Einbruch der Dunkelheit mit Beil und Säge in den Wald. Niemand hätte einen Weihnachtsbaum gekauft, dazu fehlte überall das Geld, aber jede Familie wollte einen haben. Und deshalb drückte der Förster alle Augen zu und hielt sich die beiden Tage vor Weihnachten nach Einbruch der Dunkelheit von seinem Revier fern. Dort war stattdessen ein allgemeines Huschen, Verstecken und Sägen im Gang. Jeder arbeitete so leise wie möglich, und jeder tat so, als merke er nicht, dass außer ihm noch andere »Christbaumholer« im Wald herumschlichen. Die waren ihrerseits froh darüber, dass die anderen sich ebenso diskret verhielten.

Während ich in der Küche stand und Gutsle backte, schmückten der Friedel und der Willi in der Stube »ihren« Baum. Später wollte ich die Mette besuchen und hatte Menas Angebot, die Kinder zu hüten, dankbar angenommen. Ich war schon seit Jahren nicht mehr in der Kirche gewesen, doch in dieser Nacht wollte ich unbedingt hin. Ich hatte unserem Herrn ja so viel an Sorgen vorzutragen – aber trotzdem auch an Dank, denn irgendwie war es uns bisher immer gelungen, über die Runden zu kommen. Um elf Uhr wanderte ich also mit meinen drei Ältesten los, und glücklich trug der siebenjährige Peter die Laterne voraus, schlief während der Predigt allerdings ein. Auf dem Heimweg dann stapfte er wieder tapfer durch den tiefen Schnee zurück und war stolz darauf, wie ein Großer die Mette erlebt zu haben.

Am Morgen darauf – nach einer sehr kurzen Nacht – saß ich noch melkend unter meiner letzten Kuh, als ich im Haus schon ein eifriges Trippeln und Trappeln hörte. Bis ich in die Küche kam, saßen sie alle aufgereiht da, fix und fertig in ihre Sonntagsgewänder gekleidet. Selbst den anderthalbjährigen Toni hatte die Mena bereits komplett angezogen.

»Ja, Kinder, seid ihr aber brav. Da wollen wir doch gleich mal nachschauen, ob das Christkind schon da war.«

Auf einen verabredeten Wink sprang der Friedel voraus, huschte in die Stube und zündete die

Kerzen an, während ich die Kinder unauffällig noch eine Weile hinhielt. Dann marschierten wir alle, »Ihr Kinderlein, kommet« singend, hinüber. Wie jedes Jahr leuchteten die Kinderaugen, aber diesmal nicht nur wegen des Baumes oder der Gutsle – ich hatte das Kunststück fertiggebracht, für jedes noch ein Geschenk hinzulegen. Wenn sie schon das dritte Weihnachtsfest auf ihren Vater verzichten mussten, sollten sie wenigstens mit einer kleinen Gabe dafür entschädigt werden.

In den Abendstunden hatte ich für den ältesten Sohn heimlich einen Pullover gestrickt, für den zweiten ein Paar Handschuhe und für den dritten eine Mütze. Die Mädchen bekamen neue Puppenkleider, die sie dem Fleiß von Tante Josefa verdankten. Und für die kleinen Buben hatte ich die alten Bauklötze bunt angemalt. Und unser Toni stürzte sich jauchzend auf sein Holzpferdchen, indem er freudig ausrief: »Wauwau, Wauwau!«

»Schad, dass der Papa das nicht sehen kann«, seufzte die Philomena und sprach mir damit aus der Seele. Noch ehe ich aber etwas erwidern konnte, hörten wir ein Geräusch von der Haustür her. Erschrocken sahen wir uns alle an. Keiner wagte es nachzuschauen, bis die Tür vorsichtig von außen her aufgeschoben wurde. In dem Moment erhob sich ein vielstimmiger Jubelruf: »Der Papa!« Und schon stürzten alle auf ihn los. Ich weiß gar nicht, wer ihn als Erster erreichte.

Schlecht sah er aus. Und es schien mir, als schleppe er beim Gehen ein Bein etwas nach. Auch erkannte ich an seinem Gesicht, dass er Schmerzen haben musste, obwohl er sich nichts anmerken lassen wollte. Als er so plötzlich auftauchte, dachte ich zunächst, er habe unerwartet Urlaub bekommen und uns überraschen wollen. Aber dann merkte ich, dass seine Heimkehr einen anderen Grund haben musste.

Hatte es bei uns im Land vielleicht irgendwelche Kriegshandlungen gegeben, von denen ich nichts mitbekommen hatte? War er bei so etwas vielleicht verwundet worden?

Während mir solche Gedanken durch den Kopf wirbelten, redeten die Kinder wild durcheinander auf ihren Vater ein. Inzwischen hatte sich der Anton auf dem Kanapee niedergelassen und hörte lächelnd ihren Erzählungen zu. Dabei sah er völlig entspannt aus – also konnte es nichts Schlimmes sein, dachte ich mir. Dann holten die Kinder wie auf Kommando ihre Geschenke herbei und zeigten sie dem Vater, damit er sie bewundern solle.

»Das schönste Weihnachtsgeschenk für uns bist du«, verkündete im Brustton der Überzeugung die sechsjährige Heidi. Damit sprach sie genau das aus, was auch mir gerade durch den Kopf gegangen war. Der Anton lachte herzlich über diese Begeisterung und fügte ernster hinzu: »Ja, ein Weihnachtsgeschenk ist das schon, dass ich hier bei euch sein kann, wenn es für mich auch sehr schmerzhaft ist.«

Erneut durchfuhr mich ein Schreck. Was wollte er damit andeuten? Nachdem sich die allgemeine Aufregung der Kinder gelegt hatte und sie in den verschiedenen Ecken spielend beisammensaßen, erfuhren die Mena und ich, warum er kommen durfte. Wie wunderbar waren doch die Fügungen Gottes, dachte ich, als mein Mann seinen Bericht beendet hatte. Es stellte sich nämlich heraus, dass er nicht nur für ein oder zwei Wochen auf Urlaub kam, sondern für immer. Für ihn war der Krieg aus, endgültig aus!

Was war geschehen? Einige Tage vor Weihnachten hatte er einen Einsatz gehabt, musste mit einem Kameraden einen gewissen Grenzabschnitt kontrollieren. Das bedeutete, in ziemlicher Dunkelheit und in unwegsamem Gelände ständig auf und ab zu patrouillieren. Auf einmal stolperte der Anton und stürzte. Ob über einen Stein oder einen auf dem Boden liegenden Ast oder etwa durch eine Bodenvertiefung, das wusste er nachher nicht zu sagen. Nach dem Sturz spürte er ein Stechen im Knie, was sich bald zu heftigen Schmerzen auswuchs, sodass er nicht imstande war aufzutreten. Zum Glück war er nicht allein. Der Kamerad stützte ihn, so gut es ging, und schaffte ihn sogleich ins Lazarett. Der diensthabende Militärarzt untersuchte das Knie sorgfältig und stellte nach einigen Tagen der Beobachtung eine niederschmetternde Diagnose: »Aufgrund Ihres fortgeschrittenen Alters« – der Anton war immerhin siebenundvierzig Jahre alt – »ist mit einer Heilung nicht mehr zu rechnen.«

Im ersten Augenblick war das ein Schock für meinen Mann. Doch als ihm wenig später schriftlich bescheinigt wurde, dass er aufgrund dieser bleibenden Verletzung nicht mehr kriegstauglich sei, sah er es als Geschenk des Himmels an.

Das, was also eigentlich ein Unglück war, sollte sich für unsere ganze Familie als »Glücksfall« entpuppen. Antons Freude über seine unerwartete Heimkehr war wesentlich größer als die Schmerzen im Kniegelenk. Durch weitgehende Schonung, durch Einreiben mit Arnikatinktur und durch warme, feuchte Umschläge bekamen wir sein Leiden bald so weit in den Griff, dass unser Patient nach drei Wochen schon wieder seiner Stallarbeit nachgehen konnte. Deshalb wurde der Matthis, unser landwirtschaftlicher Helfer, von uns abgezogen und woanders eingesetzt. Wir trauerten ihm nicht nach.

Auf seine geliebte Alp konnte der Anton allerdings nicht mehr. Allein der Aufstieg wäre für ihn zu schmerzhaft gewesen und erst recht der Abstieg. Ganz zu schweigen von den Wegen, die er in den Bergen hätte zurücklegen müssen, um versprengte Tiere zu suchen, oder von der täglichen Schlepperei der schweren Milchkannen zur Sennerei. Aus diesem Grund verpachteten wir die Alp und verringerten den Viehbestand noch weiter, damit das Futter, das auf den hausnahen Wiesen wuchs, ausreichte. Zudem waren inzwischen die Auflagen, was man bei einem großen Viehbestand abzuliefern hatte, immer strenger geworden. Und gezahlt wurde dafür so wenig, dass sich die Mühe kaum lohnte. Da wirtschaftete man besser gleich mehr oder weniger für den eigenen Bedarf.

## Annas letzter Einsatz

Einige Wochen nach der Kartoffelernte 1941 hatte ich gemerkt, dass schon wieder Nachwuchs unterwegs war. Der errechnete Termin lag Ende Juni. Da mein Mann nicht mehr auf die Alp konnte, würde er also zu Hause sein, egal ob das Kind pünktlich, zu früh oder zu spät kam. Das war eine große Beruhigung für mich. Dennoch würde ich auf meine Schwester zurückgreifen müssen, denn mit dem Haushalt, dem Vieh und den neun Kindern wäre der Anton heillos überfordert. Dazu noch eine Wöchnerin samt Neugeborenem zu versorgen, das würde er nicht auf die Reihe kriegen. Deshalb schickte ich rechtzeitig eine Botschaft nach Spiringen, die Anna möge sich für einen Einsatz bei uns ab Mitte Juni bereithalten. Das war eine wirklich kluge Entscheidung gewesen, denn in den frühen Morgenstunden des 16. Juni setzten bei mir die Wehen ein, um fast zwei Wochen zu früh. Wie gut, dass mein Mann daheim war, um die Hebamme zu rufen, meine Stallarbeit zu erledigen und sich anschließend um die größeren Kinder zu kümmern. Die mussten ja pünktlich zur Schule.

Unseren Friedel schickte ich sofort los ins Schächental, damit er die Anna holte. Wenn er ein wenig zu spät zur Schule kam, würde seine Lehrerin bestimmt Verständnis dafür aufbringen. Nicht aber der Friedel selbst, der sehr pflichtbewusst war. Er traf die Anna beim Melken an und sprudelte los: »Einen schönen Gruß von der Mama. Du sollst sofort kommen, bei ihr wär's so weit.«

»Schon recht, Friedel. Ich melk gerade noch die Kuh fertig, dann zieh ich mich um und geh mit dir.«

»So lang kann ich nicht warten«, antwortete er, »sonst komm ich zu spät zur Schule«, drehte sich um und rannte davon.

Nachdem die Anna ihre Kuh gemolken hatte, sagte sie ihrer Schwägerin Bescheid, dass sie im Stall weitermachen solle, tauschte ihr Stallgewand gegen ihr »Reisekleid« aus und nahm ihr Bündel, das schon seit Tagen für diesen Anlass gepackt bereitstand. Sie mochte das Haus vielleicht eine halbe Stunde nach dem Friedel verlassen haben.

Bei mir verlief die Entbindung so glatt und so zügig, dass der Nachwuchs schon da war, ehe die übrigen drei Schulkinder das Haus verlassen hatten. Deshalb konnte ihnen unsere beherzte Hebamme die Neuigkeit noch mitteilen, bevor sie sich in Bewegung setzten.

Auf ihrem langen Schulweg begegneten sie dem Pfarrer. Wie immer grüßten sie ehrerbietig. Da fragte der geistliche Herr leutselig wie immer: »Na, wie geht es bei euch im Gründlihaus?«

Die Kinder hatten nichts Wichtigeres zu tun, als die letzte Neuigkeit eilig weiterzugeben. Der Pfarrer, der sich in einer dienstlichen Angelegenheit auf dem Weg nach Altdorf befand, traf die Anna am Bahnübergang. Schon von Weitem rief er ihr zu: »Anna, bei Ihrer Schwester hat's schon wieder Zwillinge gegeben!«

Darauf reagierte meine Schwester in einer für den Geistlichen unerwarteten Weise: »Gut, dass Sie mir das sagen, Hochwürden, da geh ich erst gar nicht ins Gründli. Ich kehr gleich wieder um und geh ins Schächental zurück.«

Da merkte der Pfarrer, dass er einen Fehler gemacht hatte, und bemühte sich um Wiedergutmachung: »Aber Fräulein Anna, das dürfen Sie Ihrer Schwester nicht antun. Sie müssen wieder hin. Das ist nicht nur Menschenpflicht, das ist auch Christenpflicht.«

»Nein, ich geh nicht mehr. Ich geh nicht mehr! Da können Sie reden, was sie wollen. Die Hanni immer mit ihren Zwillingen! Das ist mir zu nervenaufreibend.«

Ob das Gleichnis aus der Bibel vom barmherzigen Samariter, das ihr der Pfarrer vorhielt, oder sein neuerlicher Appell an ihre Christenpflicht den Ausschlag gab, das hat mir die Anna nie verraten. Jedenfalls gelang es ihm, sie umzustimmen.

Vielleicht war es aber auch nur pures Mitleid mit ihrer kinderreichen Schwester, das sie anderen Sinnes werden ließ. Ja, ich vermute, sie hat ihre Worte gar nicht ernst gemeint, sondern den Pfarrer nur necken wollen. Fest steht jedenfalls, sie ist nicht umgekehrt, sondern lenkte ihre Schritte treu und brav zu unserem armseligen Anwesen und stand mir in der Zeit des Wochenbetts wieder unermüdlich zur Seite.

Sie versorgte nicht nur die neuen Zwillinge Ursula und Rudolf vorbildlich, sondern auch mich und die übrigen Kinder, von denen das älteste immerhin erst elf war. Trotzdem konnte der Friedel seinem Vater im Stall und auf dem Feld schon recht gut zur Hand gehen. Vom Haushalt allerdings verstand er nichts, und unsere älteste Tochter, die Heidi, war mit ihren sieben Jahren lediglich für kleine Handreichungen einsetzbar. So blieb vorerst der Haushalt komplett an der Anna hängen.

Drei Tage nachdem der Rudi und die Ursi geboren waren, schwenkte die Anna beim Eintritt in meine Kammer stolz die Zeitung: »Da schau her, Hanni, welche Berühmtheit du erlangt hast.« Dann las sie mir folgenden Bericht aus dem Urner Wochenblatt vom 19. Juni 1942 vor, den ich mir eigens aufgehoben habe:

*Seedorf. (Korr.) Mit einem seltenen, reichen Kindersegen wird die Familie Eberle-Gisler, Gründli, bedacht. Am letzten Mittwoch hat die tapfere Frau nun schon zum vierten Mal einem gesunden Zwillingspaar das Leben geschenkt. Dass solcher Familienzuwachs im Doppeltempo die Sorgen des einfachen Bauern auf karger Scholle ebenso verdoppelt, ist begreiflich. Man möchte nur wünschen, dass der Staat gerade in solchen Fällen mit einer gesunden Familienpolitik kräftig beispringen würde. Für ein Dutzend Kinder mag noch mancher Familienvater zu sorgen haben, aber für gewöhnlich sind dann die Ältesten schon aus der Schule, wenn die Jüngsten zur Welt kommen. Im obigen Falle aber ist der Altersunterschied zwischen den Ältesten und Jüngsten so gering, dass die Mithilfe der Kinder gerade in den schwersten Jahren nicht in Berechnung gezogen werden kann. Hier wäre ein Feld für Familienschutz der Tat!*

Von diesem Bericht war ich ebenso überrascht wie meine Schwester. Wir rätselten, wie der wohl in die Zeitung gelangt sein mochte. Ob unser Pfarrer dahintersteckte? Vielleicht wollte er damit auf unsere finanzielle Notlage aufmerksam machen. Oder war es der Standesbeamte, der uns auf diese Weise einen Gefallen erweisen wollte? Wir haben es nie herausgefunden. Genützt hat es jedenfalls nichts, zumindest nicht in dem Sinne, wie es der Zeitungsschreiber angeregt hatte, nämlich dass uns staatliche Hilfe zuteilgeworden wäre. Es gab ja nicht mal ein Kindergeld wie heute üblich. Und damals waren arme kinderreiche Familien keine Seltenheit, da bildeten wir keine Ausnahme.

Unsere Nachbarn jedoch, die selbst arm waren wie die Kirchenmäuse, besonders jetzt in Krisenzeiten, reagierten mit unerwarteter Hilfsbereitschaft. Alle kamen sie, aber keiner mit leeren Händen. Man brachte ein Brot, ein paar Eier, ein Glas Honig, ein Stück Käse, einen selbst gebackenen Kuchen.

Über diese Gaben war ich so gerührt, dass mir Tränen in die Augen traten. Kaum traute ich mich, die Geschenke anzunehmen, weil ich wusste, dass einige der Geber selbst mehr als bedürftig waren und die Sachen notwendig hätten brauchen können. Ablehnen durfte ich sie aber nicht, denn das hätte die treuen Menschen zu sehr gekränkt. Also zeigte ich meine Freude über das Mitgebrachte ganz offen, bedankte mich aufs Herzlichste und versprach, die großmütigen Spender in meine Gebete einzuschließen.

Eigentlich hatte die Anna sechs Wochen bleiben wollen, bis ich wieder völlig hergestellt war und meine nunmehr elfköpfige Kinderschar allein versorgen konnte, doch nach vier Wochen erreichten uns schlechte Nachrichten. Die Anna müsse umgehend heimkehren, hieß es, weil die Mutter erkrankt sei und ihrer Pflege bedürfe. Keine Frage, sie musste gehen. Bevor sie aber unser Haus verließ, gab sie mir eine eindringliche Ermahnung, die ich beherzigen sollte: »Du, Hanni, das sag ich dir, wenn du noch mal in die Wochen kommst, mit mir brauchst nicht mehr zu rechnen. Das war das letzte Mal, dass ich die Pflegerin bei dir gemacht hab. Von Zwillingen hab ich nämlich die Nase voll.«

Ihre Drohung war sicherlich nicht so ernst gemeint, wie sie sich anhörte. Dennoch gab ich mich zerknirscht: »Tut mir leid, Anna, dass ich dir immer so viel Arbeit mach. Deshalb werd ich mir die größte Mühe geben, damit so etwas nicht wieder vorkommt. Jetzt bin ich vierzig, da wird die Natur schon von sich aus einen Riegel vorschieben. Wenn nicht, muss ich mich halt nach einer anderen Pflegeperson umschauen.«

Da lachten wir beide herzlich, und die Anna fügte verschmitzt hinzu: »Was beklag ich mich? Ich kann wieder meiner Wege ziehen, du aber musst bei deinem Stall voller Kinder ausharren. Was für ein Glück, dass ich ledig geblieben bin! Wenn ich den Anton damals erhört hätte, säß ich jetzt in dem Schlamassel.« Über diese Äußerung und ihre vielsagende Miene musste ich lachen. Ernster werdend fügte ich hinzu: »So siehst du das, Anna. Ich jedenfalls bin mit dem Anton sehr glücklich, trotz der vielen Arbeit, und von meinen Kindern möcht ich keines missen.«

Ich war übrigens nicht die Einzige in meiner Familie, die mit Zwillingen bedacht wurde, sondern auch zwei meiner Brüder. Der eine hatte zwei Buben und der andere zwei Mädchen, doch bei denen musste die Anna nicht als Wochenpflegerin einspringen. Das erledigten die jeweiligen Schwiegermütter.

Vier Tage lebte unsere Mutter noch, und vor allem in ihren letzten Stunden war ihr die Anna ein tröstlicher Beistand. Leider konnte ich von meiner Mutter nicht mehr Abschied nehmen, nicht einmal an ihrer Beerdigung nahm ich teil, was ich als sehr schmerzlich empfand, aber in meiner Situation blieb mir keine andere Wahl. Der weite Weg, die gerade überstandene Niederkunft, die Neugeborenen – das Einzige, was ich für meine Mutter tun konnte, war, für sie zu beten.

Für eine lange Trauer blieb mir ohnehin keine Zeit. Ich musste sehen, wie ich den Berg meiner Aufgaben bewältigte. Um einigermaßen über die Runden zu kommen, musste ich die älteren Buben in die Kinderbetreuung einbinden. Der Friedel bekam die Aufgabe, sich um die Ursi zu kümmern, und dem Willi wurde die zeitweise Verantwortung für den Rudi übertragen. Das klappte ganz gut, und die beiden erfüllten ihre Aufgabe wirklich sehr gewissenhaft. Nur einmal gab es eine Situation, da musste ich über meine »Kindermädchen« schmunzeln. Wir saßen in der Küche am Mittagstisch, als man aus der Stube das Schreien eines Säuglings vernahm. Sofort sprang mein Ältester auf, um nachzuschauen. Mit sichtlich erleichterter Miene kehrte er zurück und rief dem Willi zu: »Nein, es ist nicht meines, das weint, es ist das deine.« Ohne Murren erhob sich mein Zweitgeborener, ließ seinen vollen Teller stehen, ging in die Stube und kehrte mit »seinem« Kind zurück. Er trug es so lange herum, bis es eingeschlafen war, erst dann legte er es in die Wiege zurück.

Manchmal wurden meine kinderhütenden Söhne aber auch entlastet. Das war dann, wenn meine Schwester Josefa zum Nähen ins Haus kam und wie immer ihre Tochter Emma mitbrachte. Die hatte nämlich an den Zwillingen ihre rechte Freude, und für sie bedeutete es keine Arbeit, sich mit den beiden Kleinen zu beschäftigen. Sie sah in ihnen nichts anderes als lebendige Puppen.

# Der Fototermin

Die kleine Zeitungsnotiz über die Geburt unseres vierten Zwillingspaares hatte noch eine weitere Konsequenz, und zwar eine, mit der niemand gerechnet hatte. Es war an einem Samstag Ende September, und die ganze Familie saß glücklich vereint beim Mittagessen, als es an unserer Küchentür klopfte. Erschrocken wandten alle die Köpfe, denn es kam so gut wie nie vor, dass bei uns jemand anklopfte. Und schon gar nicht um die Mittagszeit, weil doch alle Leute beim Essen saßen.

Herein trat ein junger, forscher Mann, der begeistert ausrief: »Ah, da ist ja die ganze Familie beisammen! Glück muss man haben.«

Angesichts unserer verdutzten Gesichter sah er sich zu einer Erklärung veranlasst: »Entschuldigen Sie bitte, dass ich Sie so einfach überfalle, aber ich dachte, an einem Samstagmittag treffe ich Sie am ehesten zusammen an.«

»Und warum wollen Sie uns antreffen?«, fragte ich verwundert.

»Ich bin Fotograf und möchte Sie fotografieren.«

»Die Mühe können Sie sich sparen, wir haben kein Geld für so etwas«, versuchte ich ihn loszuwerden. Ich dachte nämlich nichts anderes, als dass dieser Mann von Haus zu Haus zog, um sich auf diese Weise sein Geld zu verdienen.

»Nein, nein, keine Sorge. Die Fotos kosten Sie nichts. Ich arbeite für eine Fotoagentur und bin eigens aus Zürich angereist mit dem Auftrag, ein paar hübsche Familienfotos von Ihnen zu machen.«

»Wenn Sie aus Zürich sind, wie sind Sie da gerade auf uns gekommen?«

»Vor einiger Zeit fanden wir im Urner Wochenblatt eine Notiz«, er kramte sie aus seiner Tasche hervor und hielt sie uns hin, »dass bei der Familie Eberle-Gisler in Seedorf – das sind doch wohl Sie? – zum vierten Mal Zwillinge angekommen sind. Deshalb meinte mein Chef, da ließen sich sicher einige nette Fotos schießen.«

»Nicht schießen«, rief der fünfjährige Heini ängstlich. Der Fotograf lachte schallend: »Ist der drollig. Nein, kleines Kerlchen, schießen tu ich nicht. Ich möchte nur ein paar schöne Fotos von euch machen.«

»Das ist schon möglich«, antwortete mein Mann. »Aber vielleicht dürfen wir erst zu Ende essen.«

»Aber sicher, gewiss doch. Selbstverständlich. Ich warte gern draußen, bis Sie so weit sind. Aber diese nette Runde, wie Sie da alle um den Tisch sitzen, die möchte ich schon festhalten.«

Unverzüglich baute er seinen Kasten auf, versteckte sich hinter einem schwarzen Tuch und zündete einen Blitz, sodass wir alle zusammenzuckten. »Wunderbar«, schwärmte er. Beim Verlassen der Küche fügte er hinzu: »Entschuldigen Sie bitte vielmals diese Störung zu so ungewöhnlicher Zeit. Aber, wie gesagt, um die Essenszeit trifft man die Leute am leichtesten an.«

»Nach dem Essen wird's noch eine Weile dauern, bis wir bereit sind. Wir müssen uns ja alle noch ein bisschen zusammenrichten«, erklärte ich ihm. Bei den Kindern ließ er es gelten, dass ich ihnen ihre Sonntagskleidung anzog, bei mir aber wehrte der Mann heftig ab: »Nein, nein, Frau Eberle-Gisler, bleiben Sie so, wie Sie sind, mit Ihrem Arbeitsgewand und Ihrer Schürze. Es sollen ja ganz natürliche Bilder werden vom Alltagsleben einer Bergbauernfamilie. Bei elf Kindern haben Sie gewiss nicht oft die Zeit, sich in ein sonntägliches Gewand zu werfen. Übrigens, Herr Eberle, das Gleiche gilt für Sie.«

»Ja, wenn Sie meinen«, stimmte ich ihm zu, seinen Vorschlag erleichtert annehmend. »Das erspart uns ein bisschen Zeit.«

Bei den Kindern war die Kleidung schnell gewechselt. Die vier Großen hatten sich ruck, zuck selbst umgezogen, und jedes von ihnen kleidete einen der vier älteren Zwillinge um, sodass ich mir nur noch den Toni vornehmen musste. Die jüngsten Zwillinge blieben ohnedies so, wie sie waren. Die hatte ich kurz vor dem Essen frisch gewickelt.

So einfach, wie sich der gute Mann das mit dem Fotografieren gedacht hatte, ging es dann doch nicht. Als wir uns endlich vorm Haus einfanden, gab es Ablehnung bei den Großen und Tränen seitens der Kleinen. Unsere Kinder hatten schließlich nie zuvor für ein Foto posiert. Sie wehrten sich dagegen, sich so aufzustellen, wie der Fotograf das gerne wollte. Die Kleinen klammerten sich immer wieder ängstlich an mich – wahrscheinlich spukte das Wort »schießen« noch in ihren Köpfen herum. Die Größeren waren mürrisch, fanden es langweilig, immer nur auf den schwarzen Kasten mit dem schwarzen Tuch zu starren, an dem sich nichts Besonderes tat. Zudem fürchteten sie, dass dies vertane Zeit war und von ihrer Spielzeit abging, die ihnen für den Samstagnachmittag zustand, ehe sie wieder ihre Aufgaben in Stall und Haus zu übernehmen hatten.

Als Erstes entstand ein Gruppenfoto, für das wir Eltern uns vor der Scheune auf zwei Küchenstühlen niederlassen, ich mit dem Rudi und der Ursi auf dem Arm, während die anderen Kinder sich locker um uns herumstellen sollten. Darauf reagierten einige bockig, weil sie darauf beharrten, auch auf einem Stuhl oder wenigstens bei Mama oder Papa auf dem Schoß zu sitzen. Dass sie ohne Grund, nur auf die Aufforderung des Fotografen hin, lächeln sollten, leuchtete keinem von ihnen ein. Zum Teil machten sie todernste, zum Teil sogar mürrische Gesichter. Sosehr sich der gute Mann auch abmühte und etwas von einem Vögelchen erzählte, das aus dem Kasten fliege, umso ungnädiger wirkten die Kinder.

»Nun ja, das ist auch Familienalltag«, resignierte er schließlich. Dann ging er daran, kleinere Gruppen zu fotografieren: einmal mich mit den drei Zwillingspaaren, mal mich allein mit den jüngsten Zwillingen, dann Heini und Elsi auf der Schaukel, Wälti und Hanni, wie sie über das Treppengeländer herunterschauen. Und auch für die »Einzelkinder« fand er verschiedene Gruppierungen und Posen. Doch trotz all seiner Mühen – gelächelt hat niemand, nicht mal Vater und Mutter. Wir Eltern nicht, weil wir krampfhaft jedes Kind im Auge behalten wollten, damit es ja keine Dummheiten machte, oder vielleicht auch, weil es uns peinlich war, dass sich die Kinder so störrisch benahmen.

»Der braucht uns nicht mehr ins Haus zu kommen«, stellten sie einmütig nach dem Fototermin fest. »Fotos machen ist stinklangweilig.«

Wo diese Fotos landeten, wussten wir nicht. Wir jedenfalls haben niemals auch nur eines davon zu Gesicht bekommen. Und dennoch hatte diese Fotogeschichte ein – für uns sehr angenehmes – Nachspiel. Einige Monate nach dem überraschenden und bereits vergessenen Besuch des Fotografen klopfte es um die Mittagszeit wieder mal an unserer Küchentür. Das war am zweiten Weihnachtstag. Ehe wir reagieren konnten, krähte der Heini lauthals: »Also, ein Foto lass ich von mir nicht mehr machen.«

Da wurde die Tür vorsichtig aufgeschoben, und herein schaute das freundlich lächelnde Gesicht einer gut gekleideten älteren Dame. »Nein, brauchst keine Angst zu haben. Ein Foto will ich von euch nicht machen. Aber ich habe ein Foto von euch gesehen.«

Fragend starrten wir die Fremde an, teils skeptisch, teils ängstlich, teils neugierig. Mit ihrer großen Tasche steuerte sie auf den Küchentisch zu. Da wir gerade mit dem Essen fertig waren, räumte ich das Geschirr ab, putzte den Tisch mit dem Spültuch sauber und bat die Dame, auf meinem Stuhl Platz zu nehmen. Sie setzte sich und erzählte ohne eine weitere Aufforderung der aufmerksam lauschenden Schar, dass sie aus Zürich komme. »Was kann aus Zürich schon Gutes kommen?«, fragte einer der großen Buben, weil er sofort an den Fotografen dachte.

Die Dame ließ sich von dieser Zwischenbemerkung jedoch nicht irritieren, sondern fuhr fort: »Vor einigen Wochen habe ich in einer illustrierten Wochenzeitung ein Familienfoto von euch gesehen. Das hat mich sehr beeindruckt. Deshalb nahm ich mir spontan vor, euch zu besuchen. Wie das aber so mit guten Vorsätzen ist, dauert es immer eine Weile, bis man sie in die Tat umsetzen kann. Nun habe ich mir gedacht, weil wir noch Weihnachten haben, werde ich euch eine Bescherung machen.«

Unter unseren staunenden Augen begann sie ihre Tasche auszupacken. Sie habe ein bisschen in ihrem Bekanntenkreis gesammelt, erklärte sie, während sie Kleidungsstück um Kleidungsstück auf den Tisch legte, eines schöner als das andere. Vor Staunen und Schauen waren wir sprachlos.

Die Sachen seien zwar nicht mehr neu, entschuldigte sie sich, aber alle frisch gewaschen. Sie waren ausnahmslos in tadellosem Zustand, und für jedes Kind war etwas Passendes dabei, sodass die Kindergesichter zusehends freundlicher wurden. Es kam uns vor, als sei das Christkind persönlich bei uns aufgetaucht. Aber es sollte noch besser kommen. Als die Tasche leer war, wollte unsere Gönnerin wissen, ob wir irgendwelche kleinen Wünsche hätten, die sie uns zusätzlich erfüllen wolle. Ja, Wünsche hatten wir viele, aber so auf Anhieb fiel uns nichts ein.

»Sie haben uns reich beschenkt, da wollen wir nicht unbescheiden werden«, ergriff ich das Wort für meine Kinder. Doch damit ließ sich die Frau nicht abspeisen. »Sagt es nur frei heraus, Kinder! Vielleicht wünscht ihr euch Spielzeug oder etwas zum Naschen.«

Da kam auf einmal Leben in meine verschüchterte Schar, und die Wünsche purzelten wild durcheinander: »Ich hätt gern eine richtige Puppe!« – »Und ich ein Spielauto!« – »Und ich ein Buch!« – »Und ich einen Malblock und Malstifte dazu!« – »Und ich ganz viel Schokolade!« – »Und ich eine ganze Tüte voll Bonbons!« – »Und ich bunte Bauklötze!« – »Und ich ein Spielpferd!« Unsere Wohltäterin machte sich eifrig Notizen, während mir das Ganze immer peinlicher wurde. Deshalb versuchte ich die Kinder zu bremsen: »Jetzt ist es aber genug. So unbescheiden darf man nicht sein.«

»Nicht doch, Frau Eberle-Gisler, lassen Sie nur. Die Spontaneität Ihrer Kinder gefällt mir. Das sind außerdem alles sehr bescheidene Wünsche, die sich leicht erfüllen lassen. Aber Sie, haben Sie und Ihr Mann nicht auch einen Wunsch?«

Der Anton und ich sahen uns fragend an. »Einen Wunsch hätten wir schon. Seit einiger Zeit bereits. Und wir haben uns schon öfters unterhalten, doch unsere finanzielle Situation erlaubt's uns nicht, an so etwas zu denken. Wir trauen uns auch nicht, es Ihnen zu sagen.«

»Jetzt aber heraus mit der Sprache«, nötigte uns die Dame. »So wie ich Sie einschätze, wird es schon nichts Unmögliches sein. Sollte ich irgendwie dazu in der Lage sein, werde ich Ihnen diesen Wunsch erfüllen.«

Wieder schaute ich den Anton an. Der zuckte hilflos die Schultern und gab mir zu verstehen, dass ich reden solle. »Nein«, erwiderte ich, »das musst schon selbst machen, denn es war eigentlich deine Idee.«

Diesem Hin und Her machte schließlich der achtjährige Peter ein Ende, indem er lauthals rief: »Ein Radio wünschen sie sich, der Papa und die Mama.«

»O ja, ein Radio, ein Radio!«, schallte es nun von allen Seiten durcheinander.

»Aber geht, Kinder, ein Radio ist ein so unbescheidener Wunsch, dass man den gar nicht aussprechen darf«, versuchte ich meine kleine Schar wieder zur Vernunft zu bringen. In diesem Moment machte sich der Friedel zum Sprecher für seine Geschwister: »Wenn wir ein Radio kriegen, verzichten wir auch auf alles andere.« Alle nickten zustimmend.

Unsere gütige Besucherin lächelte gerührt: »Nein, Kinder, ihr braucht auf nichts zu verzichten. So unbescheiden ist der Wunsch gar nicht und für mich überdies leicht zu erfüllen, weil ich ein Radio erübrigen kann. Ich habe mir nämlich vor Weihnachten ein größeres Gerät gekauft, aber das alte ist noch in einwandfreiem Zustand. Das werde ich euch demnächst schicken, mit all den anderen Sachen, die ich auf meinem Zettel notiert habe.«

Der Wunsch nach einem Radio war bei uns in dem Augenblick erwacht, als wir an das öffentliche Stromnetz angeschlossen worden waren, nur wenige Wochen vor dem bewussten Fototermin. Obwohl in den Nachbarländern der Krieg wütete und wir in der beständigen Angst schwebten, feindliche Truppen könnten plötzlich auch bei uns einmarschieren, bekamen wir kaum etwas davon mit, da wir ja praktisch von der Außenwelt abgeschnitten waren. Das sollte sich jetzt plötzlich ändern, als Folge der durch den Krieg veränderten Situation.

Schon bald nach Kriegsbeginn hatte die Schweiz im Land weilende Ausländer, die nicht mehr in ihre Heimat zurückkehren konnten, interniert. Als dann Hitlerdeutschland im Juni 1940 in Frankreich einmarschierte, flüchtete sich ein ganzes französisches Armeekorps, zu dem mehr als zehntausend Exilpolen gehörten, im Jura über die Grenze zur Schweiz. Wie alle Ausländer, ob Zivil- oder Militärpersonen, mussten die Soldaten in Lagern untergebracht werden, und auch in der Nähe unseres Dorfes wurde eine solche behelfsmäßige Unterkunft gebaut, in die vor allem Polen einzogen. Unter ihnen zahlreiche erfahrene Elektriker, die nun den Auftrag erhielten, in den umliegenden Gemeinden, in denen es noch keinen Strom gab, Kabel zu verlegen. So kamen auch wir an einen Anschluss und ließen im ganzen Haus Leitungen installieren, selbst im Keller, auf dem Dachboden und im Stall.

Ja, wie wunderbar war das, durch eine einfache Schalterdrehung den ganzen Raum zu erleuchten. Nicht nur das war ein enormer Vorteil, sondern auch die Brandgefahr wurde erheblich verringert, denn mit offenem Licht durchs Haus zu wandern und insbesondere in den Stall zu gehen, barg doch ein ständiges Risiko, zumal bei so vielen kleinen Kindern. Und dadurch tauchte irgendwann der Wunsch nach einem Radio auf, um endlich mehr mitzubekommen, was in der Welt geschah.

Die fremde Dame hielt Wort. Einige Wochen nach ihrem Besuch kamen mit der Bahn zwei große Pakete für uns an. War das ein Hallo und eine Begeisterung, als wir sie gemeinsam auspackten! An alles hatte die liebe Frau gedacht; nicht ein einziger Wunsch war vergessen worden.

So kam es, dass wir ab Mitte Januar 1943 ein Radio besaßen. Wir konnten unser Glück kaum fassen. Alle Kinder, ob groß oder klein, saßen am Sonntagnachmittag davor und lauschten der Musik oder einer Märchenerzählung. Für uns Eltern war es zudem wichtig, allabendlich die Nachrichten zu hören. Die schönste erreichte uns am 9. Mai 1945, als es hieß: »Seit gestern ist der Krieg aus.«

Unsere Wohltäterin blieb uns noch lange erhalten. Alljährlich kam zu Weihnachten ein großes Paket von ihr an, das nicht nur abgelegte, gut erhaltene Kleidung enthielt, sondern stets auch ein bisschen Spielzeug und ein paar Näschereien. Dazu einen herzlichen Begleitbrief, den wir gemeinsam nach den Feiertagen beantworteten. Und jeden Sommer kam sie persönlich vorbei, um sich vom Wohlergehen ihrer Schützlinge, wie sie uns nannte, zu überzeugen. Wir aber nannten sie unter uns immer nur »unseren guten Engel«.

Als Anfang der Fünfzigerjahre unser Weihnachtspaket ausblieb, ahnten wir, dass unser Engel entweder ernstlich krank war oder gar seine Reise in den Himmel angetreten hatte. Nun blieb uns nur noch, ihrer dankbar im Gebet zu gedenken.

# Der Onkel aus Amerika

Zum Weihnachtsfest 1945 erlebten wir eine weitere große Überraschung. Wir erhielten nicht nur das Paket von unserer Wohltäterin, sondern es kam auch ein Riesenpaket aus dem fernen Amerika an.

Bei meiner Heirat wusste ich zwar, dass mein Mann einen älteren Bruder hatte, den Jakob, und dass der 1914 nach Amerika ausgewandert war. Aber das war auch schon alles – Näheres war mir nicht bekannt.

Als ich auf dem Gründli einzog, lag dort die Wirtschaft ziemlich im Argen. Kein Wunder, wenn es seit zwei Jahren keine Hausfrau mehr gab. Meine Schwester war schon lange tot, und die Schwiegermutter, die alte Philomena, ebenfalls. Daher verbrachte ich den ersten Winter in meinem neuen Zuhause damit, in allen Ecken aufzuräumen und gründlich sauber zu machen. Solange keine Kinder da waren, ließ sich das gut einrichten, zumal mir die Mena ein wenig zur Hand ging.

Bei dieser Aufräumaktion stieß ich unter anderem auf eine Schublade mit Briefen. Nicht aus Neugier schaute ich sie durch, sondern um zu sehen, was davon wichtig war und aufgehoben werden musste oder was weggeworfen werden konnte. Zum Teil handelte es sich um uralte, vergilbte Blätter, die von irgendwelchen Vorfahren meines Mannes geschrieben worden waren. Auch einige vor langer Zeit bezahlte Rechnungen waren darunter. Dann fand ich noch einen kleinen Packen Briefe, die sorgfältig mit einem Band zusammengebunden waren. Sie alle trugen wunderschöne ausländische Marken, und als Absender stand der Jakob Eberle aus Amerika drauf. Der oberste Brief, der neueste, trug das Datum vom 23. Juli 1928 und war an meinen Schwiegervater gerichtet.

*Lieber Vater!*
*Es hat mich sehr erschüttert, dass die Mutter so schnell gestorben ist. Neunundsechzig ist doch kein Alter. Vor allem aber schmerzt es mich, dass ich sie nicht mehr hab wiedersehen können. Bis jetzt hatte ich immer die stille Hoffnung, mir doch noch zu ihren Lebzeiten einen Urlaub in der Heimat leisten zu können. Nun hoffe ich sehr, dass ich mir diesen Wunsch recht bald erfüllen kann, damit ich wenigstens Dich noch antreffe.*

*Ich kann mir vorstellen, dass Mutters Tod für Dich ein harter Schlag ist. Bei allem Leid ist es noch ein Glück für Dich, dass Du nicht allein bist. Im Anton hast Du ja eine gute Stütze und liebevolle Betreuung. Es wäre halt zu wünschen, dass er bald wieder eine liebe Frau findet, die auf dem Hof richtig zupacken kann und der Männerwirtschaft ein Ende setzt. Ich bin mit meiner Frau ganz zufrieden und bin glücklich mit meinen drei Buben und der Tochter. Von allen soll ich Dich grüßen.*

*Dein Sohn Jakob*

Alle vorhergehenden Briefe waren an die Mutter gerichtet. Aus ihnen ging hervor, dass sie es gewesen war, die mit ihrem Ältesten die Verbindung über den großen Teich hinweg gehalten und ihn mit Neuigkeiten aus der Heimat versorgt hatte. Ebenso las ich heraus, dass sie wohl nie ganz darüber hinweggekommen war, dass der Jakob sein Glück in der Fremde suchen wollte, es aber dort anscheinend auch nicht fand. Zumindest war sein Traum von einem besseren Leben und von größerem Wohlstand geplatzt.

Beim Lesen dieser Briefe kam ich ins Grübeln. Hätte der Jakob den elterlichen Hof übernommen, wäre mein Leben sicherlich ganz anders verlaufen. Dem Anton wäre vermutlich nichts anderes übrig geblieben, als sich sein Leben lang als Knecht auf einem fremden Hof zu verdingen und auf Ehe und Familie zu verzichten. Schnell wischte ich diese Gedanken beiseite. Was sollte das ganze Wenn und Aber. Ich denke, es war uns vorbestimmt, dass wir zusammenkamen, den Gründlihof bewirtschafteten, und wir mussten versuchen, das Beste daraus zu machen.

Nachdem ich mich durch alle Briefe gearbeitet hatte, setzte ich mich hin und schrieb meinem Schwager einen Brief. Ich dachte, er würde sich über einen Gruß aus der Heimat freuen, wenn schon seine Eltern nicht mehr lebten. Dass der Anton die Korrespondenz nicht weitergeführt hatte, wusste ich bereits von ihm. Was aber nichts mit bösem Willen oder einer Abneigung gegen den Bruder zu tun hatte, mein Mann war ganz einfach mit dem Briefeschreiben nicht so vertraut. Und dann natürlich der Zeitmangel, hatte er doch als Witwer mit einer besonders schwierigen Situation zurechtzukommen gehabt.

Außer ein paar Neuigkeiten aus dem Dorf und über unser Vieh teilte ich dem Jakob mit, dass sein Wunsch in Erfüllung gegangen sei und endlich eine neue Bäuerin auf dem alten Hof Einzug gehalten habe. Zum Schluss wünschte ich ihm und seiner Familie ein frohes Weihnachtsfest und alles Gute für das neue Jahr. Dann brachte ich den Brief zur Post, was mich ein kleines Vermögen kostete, doch dafür wurde ich mehr als entschädigt, als ich nach sechs Wochen, im Januar 1931, Jakobs Antwortschreiben erhielt.

*Liebe Hanni!*
*Vielen Dank für Deinen Brief, über den ich sehr überrascht war. Ich finde es sehr freundlich von Dir, dass Du mir, einem völlig Unbekannten, so nett schreibst. Es freut mich, dass der Anton endlich den Schritt gewagt und wieder geheiratet hat, damit seine Tochter eine Mutter und der heimatliche Hof wieder eine Bäuerin hat. Aber das wusste ich bereits. Diese »Sensation« haben mir schon einige meiner Schwestern mitgeteilt, die mich seit dem Tod unserer Mutter mit Neuigkeiten aus der Heimat versorgen. Wie es scheint, hat der Anton mit Dir einen guten Griff getan. Denn auch mein Schulfreund Sebastian Müller, der noch immer in Seedorf lebt, hat mir das brühwarm mitgeteilt. Er hat Dich sehr gelobt und gemeint, mein Bruder habe großes Glück gehabt, Dich zu bekommen. Grüße ihn bitte herzlich von mir und meine kleine Nichte Philomena auch. Noch immer hoffe ich, dass ich bald mal über den großen*

*Teich kommen kann, um Euch alle zu sehen. Zum Glück ist ja jetzt der große Krieg vorbei, der mich lange Zeit an meinen Reiseplänen gehindert hat.*

*Ich würde mich freuen, wenn Du mir mal wieder aus dem Gründlihaus berichtest. Es grüßt Dich vielmals*

*Dein Schwager Jakob mit Familie*

Über diese Antwort habe ich mich so gefreut, dass ich es mir fortan zur Aufgabe machte, ihm jedes Jahr rechtzeitig zu Weihnachten einen Brief zu schicken. Darin berichtete ich immer von den Neuigkeiten auf dem Hof und insbesondere in der Familie. Meist hatte ich ihm mitzuteilen, dass wieder ein oder zwei Kinder angekommen waren.

Zu Weihnachten 1945 kam also ein großes Paket aus den USA an, das alles enthielt, was das Herz begehrte und was es bei uns nicht gab oder was man seit Langem nicht mehr kaufen konnte: Schokolade, schwarzen Tee, echten Bohnenkaffee, Bonbons, Dosenfisch, Kleingebäck und Kaugummi! Wie stürzten sich die Kinder darauf, selbst die älteren. So etwas kannten sie ja nicht. Tagelang kauten sie auf dem Zeug herum, obwohl es schon längst nicht mehr schmeckte. Auch wohlriechende Seife war in dem Paket und Shampoo – Dinge also, die vor allem ich zu schätzen wusste. Dazu Kleidungsstücke, offensichtlich abgelegte Sachen von ihm, seiner Frau und seinen Kindern, alles noch in einwandfreiem Zustand. Sie entsprachen zwar nicht unseren Kleidungsgepflogenheiten, aber das störte uns nicht. Im Gegenteil, die Kinder trugen die Sachen voller Stolz. Es lag ein Begleitbrief in dem Paket, in dem der Jakob unter anderem schrieb:

*Ich nehme an, dass ich Euch mit diesen bescheidenen Gaben eine Freude machen kann. Zwar war die Schweiz nicht unmittelbar vom Krieg betroffen, aber ich habe gehört, dass es durch die Kriegsfolgen auch dort recht knapp zugeht. Du hast zwar nie gejammert oder Dich beklagt – das ist sicher nicht Deine Art –, aber ich kann mir vorstellen, dass Ihr die Sachen gut brauchen könnt.*

Und ob wir die brauchen konnten! Das teilte ich in meinem Dankesbrief mit, den ich umgehend losschickte. Die Kinder, die bereits schreiben konnten, setzten einen kleinen Satz unter meinen Brief, und die Kleinsten malten für den Onkel, der sich so großzügig gezeigt hatte, kleine Bildchen, die ich dazulegte. Es war also ein schwerer Brief, der diesmal die weite Reise antrat.

Im Jahr darauf lief alles normal, aber zwei Jahre später traf der Brief aus Übersee bereits Ende November ein, was mich sehr verwunderte. Außer den Weihnachts- und Neujahrswünschen enthielt er nicht viel mehr als eine traurige Mitteilung. Jakob schrieb, dass er und seine Frau sich mit der Zeit innerlich so weit voneinander entfernt hätten, dass sie keine andere Möglichkeit mehr sähen, als sich scheiden zu lassen. Zu seinen Kindern, die mittlerweile erwachsen seien, habe er glücklicherweise ein gutes Verhältnis.

Die Nachricht von der Scheidung erschütterte mich sehr und veranlasste mich, über unsere Ehe nachzudenken. Nein, eine Scheidung wäre für mich und den Anton undenkbar. Allerdings entfernten wir uns auch nicht voneinander, sondern wuchsen im Laufe der Jahre immer enger zusammen.

Da ich meinen Weihnachtsbrief noch nicht geschrieben hatte, konnte ich gleich auf Jakobs Problem eingehen. Es tue mir sehr leid für ihn, schrieb ich, ich hoffe aber, dass er bald über diesen Schicksalsschlag hinwegkommen und das Leben noch viele schöne Jahre für ihn bereithalten würde. Ich sagte ihm außerdem, wie wichtig es sei, dass das Verhältnis zu seinen Kindern nicht getrübt werde. Es folgten die üblichen Weihnachts- und Neujahrswünsche und natürlich Grüße von der ganzen Familie.

Dann hörten wir lange Zeit nichts aus Amerika. Mein Weihnachtsbrief im Jahr darauf blieb unbeantwortet, und ich machte mir Sorgen, es könnte meinem Schwager etwas passiert sein. Immerhin war er bereits einundsechzig Jahre alt.

Dennoch schickte ich zum nächsten Weihnachtsfest wieder meinen üblichen Brief, auf den erneut keine Reaktion erfolgte.

Einige Monate später, als ich im Spezereiladen ein paar Lebensmittel eingekauft hatte, traf ich auf der Straße den Sebastian Müller. Das war eine Gelegenheit, die ich mir nicht entgehen lassen wollte. »Entschuldigen Sie, Sie sind doch ein Schulfreund meines Schwagers Jakob«, sprach ich ihn an. »Ich mach mir Sorgen um ihn. Haben Sie vielleicht in letzter Zeit etwas von ihm gehört?«

»O ja, Gründlibäuerin. Ich bin der Einzige, mit dem er noch Kontakt unterhält.«

»Ja, wieso das? Jahrelang haben der Jakob und ich Briefe ausgetauscht, aber seit zwei Jahren ist es wie abgeschnitten.«

»Den Grund kenn ich schon«, tat er geheimnisvoll. »Aber ich weiß nicht, ob es dem Jakob recht ist, wenn ich's Ihnen erzähle.«

»Aber Herr Müller, seien Sie unbesorgt. Ich werd Sie bestimmt nicht verraten. Mir geht's nur darum, zu erfahren, ob's ihm gut geht.«

»Nun ja, in gewisser Weise mag es ihm gut gehen. Körperlich ist er gesund, er hat seine Arbeit und sein Auskommen. Aber es ist ein seelischer Kummer, der ihn belastet.«

»Sie meinen die Scheidung von seiner Frau?«

»Darüber ist er einigermaßen hinweggekommen. Es sind die Briefe seiner Schwestern, die ihn bekümmern.«

»Nun versteh ich gar nichts mehr. Er hat sich doch immer gefreut, dass seine Schwestern Verbindung zu ihm halten und ihn mit Nachrichten aus der Heimat versorgen.«

»Ihre letzten Schreiben waren eben nicht erfreulich«, erklärte mir der Sebastian Müller. »Jakob hatte seinen Schwestern mitgeteilt, dass er geschieden sei. Das hat die eine oder andere zum Anlass genommen, ihm in einem Brief bitterböse Vorwürfe zu machen.«

»Das versteh ich nicht«, wandte ich ein. »Einem Menschen in einer solchen Situation müsste man doch eher Trost zusprechen. Denn man lässt sich ja nicht aus Mutwillen scheiden.«

»Nein, bestimmt nicht. Da steckt immer eine menschliche Tragödie dahinter. Seine Schwestern wollten das aber nicht so sehen und haben ihn mit Schandbriefen bombardiert, wie er sich mir gegenüber ausdrückte. Mir tut er unendlich leid, zumal er es sich finanziell endlich leisten könnte, demnächst einen Besuch in der Heimat zu machen. In seinem letzten Brief aber schrieb er mir wörtlich: ›Ich bin so enttäuscht über die Reaktion meiner Schwestern, dass ich auf einen Besuch verzichte. Jetzt hab ich die Schweiz für immer gesehen.‹«

Ich bedankte mich beim Sebastian Müller für seine Auskunft und setzte meinen Weg fort. Nun wusste ich wenigstens, woran ich war. Vermutlich nahm der Jakob an, dass sein Bruder die Ansichten der Schwestern teilte, und hatte deshalb den Kontakt zu uns abgebrochen, obwohl in meinen Briefen nicht die geringsten Vorhaltungen zu finden waren. Trotzdem verzichtete ich darauf, ihm noch einmal zu schreiben, um ihn nicht immer wieder an diese schmerzliche Erfahrung zu erinnern.

# Alltag im Gründlihaus

Bei meinem Einzug in das Gründlihaus fehlte nicht nur der elektrische Strom, sondern auch fließendes Wasser. Mitten auf dem Hof befand sich der sogenannte Sodbrunnen, aus dem wir unser Trinkwasser schöpften, indem wir mühsam Eimer für Eimer hochzogen. Daher lernte ich es bald, im Haushalt sehr sparsam mit dem kostbaren Nass umzugehen. Am Vieh allerdings ließ sich nicht sparen, denn jedes Tier brauchte seine tägliche Wasserration. Das besorgte mein Mann und schöpfte meist die paar Eimer Wasser für die Küche gleich mit. Im Sommer aber, wenn er auf der Alp war, blieb diese Aufgabe an mir hängen. Das war für mich besonders dann anstrengend, wenn es mal wieder, was ja nicht gerade selten vorkam, auf das Ende einer Schwangerschaft zuging. Deshalb war ich froh, als die Mena kräftig genug war, mir diese Arbeit abzunehmen. Um ihr aber nicht zu viel aufzubürden, fing ich für das samstägliche Bad nach Möglichkeit Regenwasser auf. Zu diesem Zweck hatten wir an zwei Hausecken Tonnen aufgestellt, in die das vom Dach herabrinnende Wasser floss. Blieb nur noch die Mühe, es ins Haus zu tragen. Für meine Großwaschtage benutzte ich ebenfalls Regenwasser, zumal es weicher war als Brunnenwasser und dadurch bei gleicher Sauberkeit weniger Waschmittel verbrauchte.

Dennoch und trotz unseres permanenten Geldmangels entschlossen wir uns 1938, ein Angebot der Gemeinde anzunehmen, unser Haus an die öffentliche Wasserversorgung anzuschließen. Tagelang wurde bei uns gegraben und gebohrt, dass es nur so staubte und lärmte.

Aber diese Unannehmlichkeiten nahmen wir gerne in Kauf, wussten wir doch, dass anschließend das Leben für uns einfacher sein würde. Es kam mir wie ein Wunder vor, dass ich in der Küche nur an dem kleinen Hahn zu drehen brauchte, und schon sprudelte so viel klares, sauberes Wasser heraus, wie wir wollten. Nicht dass wir jetzt verschwenderisch geworden wären – es wurde nach wie vor mit jedem Tropfen gespart, denn schließlich mussten wir unseren Verbrauch bezahlen.

Das Bad am Samstagabend zum Beispiel wäre uns sehr teuer zu stehen gekommen, hätten wir für jeden frisches Wasser benutzt. Dazu der hohe Verbrauch an Holz, um es zu erhitzen. Wir hielten es nach wie vor wie die meisten kinderreichen Familien. Um vier Uhr am Nachmittag wurde der ovale hölzerne Waschzuber in die Küche gestellt und wenig warmes Wasser hineingefüllt, gerade die Menge, die man für die Kleinsten brauchte. Waren diese gebadet, abgetrocknet und zu Bett gebracht, hatte sich das Wasser so weit abgekühlt, dass neues nachgegossen werden musste, das bereits heiß auf dem Herd stand. So ging das immer weiter, bis am Schluss die Ältesten drankamen. Anschließend wurde das Badewasser aber keineswegs weggeschüttet, sondern diente noch als Putzwasser fürs ganze Haus.

Erfinderisch mussten wir auch bei den Mahlzeiten sein, denn angesichts der wachsenden Kinderschar wurde es an unserem Esstisch immer enger. Mit Mühe und Not konnte man acht Personen unterbringen, notfalls noch ein Kleinkind, wenn ich es auf den Schoß nahm. Als aber der Wälti und die Hanni so weit herangewachsen waren, dass sie einen eigenen Sitzplatz benötigten, mussten wir uns eine neue Lösung einfallen lassen. Sollten wir in zwei Schichten essen? Der Gedanke behagte mir jedoch nicht besonders. Bis nämlich die zweite Gruppe drankäme, wäre das Essen kalt geworden oder aber auf dem Herd halb verbrutzelt. Zum Glück fiel mir plötzlich der Tisch in der Küchenecke ein, kleiner und niedriger als ein Esstisch und bis dahin nur als Ablagemöglichkeit genutzt. Jetzt räumte ich ihn ab, verstaute die Sachen anderweitig und hatte einen zusätzlichen Tisch.

Damit war das Problem allerdings keineswegs aus der Welt, denn jetzt ging das Gerangel los, wer wo seine Mahlzeiten einnehmen sollte. Die »Großen« wollten unbedingt ihre Stammplätze behalten und schlugen vor, die Hanni und den Wälti an den kleinen Tisch zu setzen. Sie seien schließlich »neu« am Familientisch und dürften noch keine Ansprüche stellen, zumal sie es ja nicht anders kennen würden. Alles schön und gut, doch mir war es lieber, die jüngeren Kinder beim Essen unter Kontrolle zu haben, was ebenso für das nur um ein Jahr ältere Zwillingspaar Elsi und Heini galt.

Mit dem Frühstück gab es zum Glück keine Probleme. Das nahm ich mit den Kleinen sowieso immer erst dann ein, wenn die Schulkinder bereits aus dem

Haus waren. Und für die übrigen Mahlzeiten fanden wir schließlich eine salomonische Lösung: Mittags setzte ich mich mit den vier Zwillingen an den kleinen Tisch, und zum Nachtessen saßen dort die Großen. Bald gefiel es denen aber so gut an dem Extratisch, dass sie gar nicht mehr wechseln wollten. Allerdings mussten wir aufgrund der weiter anwachsenden Kinderschar immer mal wieder neue Sitzordnungen ausprobieren.

Weniger abwechslungsreich war unser Essen, was nicht daran lag, dass ich nicht gerne gekocht hätte oder nicht hätte kochen können.

Im Gegenteil. Schließlich war ich einige Jahre bei besseren Herrschaften in Stellung gewesen und hatte mir von den jeweiligen Köchinnen immer etwas abgeschaut. Wie bei anderen Dingen auch war es einfach eine Frage des Geldes, denn teure Speisen konnten wir uns nicht leisten. Auch Gerichte, die sehr viel Zeit beanspruchten, kamen nicht infrage, schließlich hatte ich mich um mehr als das Kochen zu kümmern.

So gab es tagaus, tagein das Einfachste und Billigste, was wir hatten, und das waren Mais und Kartoffeln. Eben jene Sachen, die wir hauptsächlich auf unseren Äckern anbauten, denn Roggen, Weizen und Gerste wuchsen auf unseren Böden nicht so gut, und zudem mussten wir während der Kriegszeit von dem wenigen auch noch vieles abliefern, sodass uns gerade genug blieb, um unser Brot zu backen. Damals war ja praktisch alles rationiert, und waren wir vor dem Krieg schon arme Leute gewesen, so verschlechterte sich unsere Situation noch mehr.

Fleisch war ohnehin ein Luxus, und zeitweise war bei uns das Brot fast ebenso knapp.

Gebacken habe ich es in unserem gekachelten Herd in der Küche, der gleichzeitig die Stube heizte. Am Backtag schürte ich frühmorgens ein besonders kräftiges Holzfeuer, räumte die Asche, sobald das Holz restlos verbrannt war, aus und schob dann die Brote in die Öffnung, die ich vorher oben auf dem Ofen hatte gehen lassen. Weil aber das Getreide fürs Brot bei uns viele Jahre lang Mangelware war, gab es zum Frühstück regelmäßig Polenta, einen Brei aus Maisgrieß und Milch. Den Kindern wäre Brot natürlich lieber gewesen, aber das sparte ich auf, damit ich jedem Schulkind ein Pausenbrot mitgeben konnte. Am Sonntag allerdings stand zum Frühstück Brot auf dem Tisch, worauf sich die Kinder schon die ganze Woche über freuten. Die Butter durfte jedoch nur ganz dünn aufgekratzt werden, obwohl wir selbst butterten. Im Sommer hatten wir ja nur eine Kuh im Stall, und die Milch von der Alp wurde an die Sennerei abgeliefert. Auch im Winter verkauften wir Butter, um an ein bisschen Bargeld zu kommen. So blieb bei einer großen Familie eben nicht viel für den Einzelnen übrig.

Nicht sparen mussten die Kinder jedoch mit der Konfitüre – da durften sie kräftig zulangen und das Brot dick bestreichen. Denn davon hatten wir – dank des Fleißes der Kinder – immer einen ausreichenden Vorrat in der Speisekammer. Sobald im Sommer die Beeren reif waren, schickte ich die Großen mit ihren Eimerchen in den Wald, um das einzusammeln, was die Natur kostenlos für uns bereithielt. Dabei machte es den Kindern gar nichts aus, wenn sie mit zerkratzten und zerstochenen Armen und Beinen am Abend heimkehrten. Hauptsache, ihre Behälter waren bis oben gefüllt. Schließlich wussten alle, dass es Konfitüre zum Brot nur gab, wenn man emsig gesammelt hatte und die Mutter einen großen Vorrat einkochen konnte. Himbeeren, Brombeeren, Heidelbeeren und Holunder wuchsen wirklich im Überfluss und waren leicht und schnell zu sammeln. Und mir machte die tagelange Arbeit am heißen Herd nichts aus, wusste ich doch, dass es sich lohnte, denn die selbst eingekochten Marmeladen schmeckten köstlich und ließen noch das volle Aroma der Waldfrüchte erkennen. Von sehr safthaltigen Früchten wie Himbeeren oder Holunder habe ich auch Most gemacht und in Flaschen abgefüllt als Getränk für den Winter. Oder von einem Teil des Saftes Gelee gekocht, das bei meinen Kindern fast beliebter war als Konfitüre.

Irgendwie war es mir immer wichtig, dass die Kinder ein Gespür dafür bekamen, selbst etwas zur Versorgung der Familie beizutragen. Das taten sie, indem sie Beeren sammelten, Kartoffeln aufklaubten oder bei der Maisernte halfen. In allen Fällen fanden sie die Produkte ihrer Arbeit bei den Mahlzeiten auf dem Tisch wieder. War Beerensammeln eher ein spielerisches Vergnügen in frischer Luft, so verhielt es sich beim Ernten von Mais schon anders. Das war zwar keine schwere Arbeit, aber eine sehr aufwändige, weil jeder einzelne Kolben von Hand abgemacht wurde. Damit war es zudem längst nicht getan. Als Nächstes mussten die Deckblätter hochgeklappt und die Kolben in der Scheune oder an der Sonne zum Trocknen aufgehängt werden. Ohne diese Prozedur enthielten sie zu viel Feuchtigkeit, und man hätte die Körner nicht ablösen können.

Waren die Maiskolben abgeerntet, ging es ans Maisstroh, das ebenfalls sehr wertvoll für uns war. Es wurde mit der Sense abgemäht, zu Bündeln zusammengebunden, zum Trocknen aufgestellt und schließlich mit dem Wagen, den zwei Kühe zogen, zur Scheune gebracht, wo es gelagert, nach Bedarf gehäckselt und als Streu für die Rinder verwendet wurde.

Die weitere Bearbeitung der Maiskolben war allein Sache unserer Buben. Deren hauptsächliche Herbstbeschäftigung bestand darin, die Maiskörner von den Spindeln zu trennen. Dazu benutzte man einen Gegenstand, der eine gewisse Ähnlichkeit mit einer Zange hatte und den wir Raspel nannten. Diese hielt man mit einer Hand fest, steckte den Maiskolben mit der anderen Hand hinein und drehte das Ganze. Dadurch fraß sich das zangenähnliche Maul immer weiter vor, sodass die Körner nach allen Seiten wegspritzten.

Da wir zwei von diesen Geräten besaßen, konnten immer zwei Buben gleichzeitig arbeiten. Am Ende lag der ganze Boden der Küche voller Körner. Selbstverständlich war vorher sorgfältig geputzt worden, damit beim Zusammenkehren der Maiskörner kein Dreck in den Sack geriet. Hatte man drei oder vier Säcke Mais beisammen, lud man sie auf einen kleinen Wagen, hängte diesen an ein Fahrrad und fuhr damit zur Mühle nach Altdorf, wo wir den Mais teils zu feinem Mehl, teils zu Grieß mahlen ließen – Grundzutaten für unsere Mahlzeiten wie Pfannkuchen,

Einbrennsuppen oder die morgendliche Polenta. Zur Abwechslung gab es manchmal zum Frühstück auch Trockenmais, den wir Polentenribbel nannten. Dazu schüttete ich am Vorabend Maisgrieß in eine Porzellanschüssel, brühte ihn mit etwas heißem Wasser an und streute ein bisschen Zucker darüber. Am nächsten Morgen gab ich dann etwas Fett in die Pfanne, meist Schweineschmalz, nur ganz selten Butter, kippte die aufgequollene Maismasse zum Garen hinein, wobei ich sie mit einem hölzernen Pfannenwender zerhackte und immer wieder durchrührte. Anschließend bekam jedes Kind eine Portion auf den Teller, die mit einem Suppenlöffel gegessen wurde.

Weil das Ganze eine sehr trockene Angelegenheit war, musste man sehr viel dazu trinken. Wieder ein Problem, denn obwohl wir mehrere Kühe besaßen und genug Milch produzierten, mussten wir auch damit sehr sparsam umgehen, denn die meiste Milch wurde, nicht anders als die Butter, zur Aufstockung unserer Haushaltskasse verkauft. Um also Milch zu sparen, streckten wir die Frühstücksmilch mit Wasser. Erst nach dem Krieg, als die Zeiten etwas besser wurden, konnten wir uns auch Kakaopulver leisten. Schokoladenwasser nannten wir das Getränk, das sich bei den Kindern großer Beliebtheit erfreute.

Damals tauchte auch gelegentlich Milchreis auf unserem Speiseplan auf, ein Luxus, den wir uns früher nicht leisten konnten, weil der Reis ja im Lebensmittelladen gekauft werden musste. Als Festessen galten ferner »Älpler Makronen«, ein Gericht, dessen Name sich von den italienischen Makkaroni ableitete. Bei uns aber waren das keine langen, röhrenförmigen Nudeln, sondern kleine Hörnli. Diese wurden in Wasser gegart, mit gekochten, in Scheiben geschnittenen Kartoffeln vermischt und in einer Pfanne, mit Reibkäse überstreut, gebacken. Als besonderen Pfiff streute ich nach dem Servieren über jede Portion noch einen Löffel voll in Fett angebräunter Zwiebelstückchen.

Normalerweise aber aßen wir mittags und abends Kartoffeln und nochmals Kartoffeln, die bei uns ausgezeichnet gediehen. Damit uns diese nicht bei den Ohren herauskamen, bereitete ich sie auf verschiedene Weise zu: als Salzkartoffeln oder Pellkartoffeln, die bei uns Geschwellte heißen, als Püree, Rösti oder Gratin. Zumindest stand davon immer so viel auf dem Tisch, dass alle rundum satt wurden. An den Feiertagen und später, als die Zeiten besser wurden, gab es Fleisch dazu. Gemüse war bei uns eher selten. Sicher, wir hatten ein paar Kohlsorten im Garten, die hin und wieder den Speiseplan bereicherten, aber anderes Gemüse oder Salat gehörte nicht dazu. Der hielt erst bei uns Einzug, nachdem meine Töchter auf der landwirtschaftlichen Berufsschule damit in Berührung gekommen waren.

Alles war halt bescheiden. Nicht zuletzt unser Haus, denn es war weder geräumig noch solide gebaut und über einem halb aus dem Erdreich ragenden Keller ganz aus Holz errichtet. Zudem hatte der Zahn der Zeit bereits mächtig daran genagt, sodass der Wind überall durch Ritzen und Spalten pfeifen konnte. Nur die Nordseite war geschützt, schlossen sich doch hier an den Keller die ebenfalls gemauerten Ställe an, über denen sich der Heuboden befand, auch

Heubühne oder Obergarden genannt. Er war aus senkrecht verlaufenden Brettern zusammengenagelt. Wohnhaus und Wirtschaftsgebäude bildeten also eine lang gestreckte Einheit, die von einem mit Steinen beschwerten Ziegeldach geschützt wurde.

Als ich auf dem Gründli einzog, gab es noch keine Raumprobleme. Sechs Bettgestelle waren vorhanden mit dazugehörigen Federbetten und Kopfkissen. Eine Wiege oder Zaine, wie man sie meist nannte, war von alters her ebenfalls da. Generationen von Eberles hatten schon darin gelegen, und weitere sollten folgen. Zu der Zeit, als unser ältester Sohn geboren wurde, war es längst üblich, dass man Säuglinge in einen Kinderwagen legte und in den Dorfstraßen spazieren fuhr. In unserem Haus aber gab es keinen solchen Wagen, bis eine Nachbarin, deren Kinder längst groß waren, uns den ihren schenkte. Zwar war es ein altes, hochrädriges Modell, das noch aus der Zeit vor 1920 stammte, aber es erfüllte seinen Zweck. Wenngleich mir mit jedem nachfolgenden Kind weniger Zeit blieb, damit herumzufahren, so konnte ich den Säugling doch im Wagen in den Garten stellen, damit er ausreichend frische Luft bekam. Am Nachmittag fuhr gelegentlich die Mena ihre kleinen Geschwister stolz durch die Gegend. Später, als die Zwillinge kamen, diente der Wagen anfangs außerdem als zusätzliche Schlafstelle neben der Wiege.

So kamen wir einige Jahre ganz gut zurecht, wobei allerdings zunehmend jedes Bett mit zwei Kindern belegt werden musste. Was jedoch nicht ungewöhnlich war in großen Familien, und auch in meinem Elternhaus war es nicht anders gewesen.

Irgendwann dann waren die Kapazitäten vollends erschöpft. Es fehlte nicht nur an Bettgestellen und Bettzeug, sondern vor allem an Platz, um weitere Betten aufzustellen. Alle drei Schlafkammern waren randvoll, und das zweite Zwillingspaar entwuchs langsam der Wiege und dem Kinderwagen. Es gab nur eine Lösung: Ein zusätzlicher Schlafraum musste her, und der ließ sich nur auf dem Dachboden verwirklichen.

Mit den beiden ältesten Buben stieg ich also hinauf, um die Möglichkeiten näher in Augenschein zu nehmen. Bisher hatte der Boden uns im Winter lediglich als Aufbewahrungsort für Schinken und Würste gedient. Jetzt aber nahm ich ihn hinsichtlich seiner Tauglichkeit als Schlafkammer in Augenschein. Platz war genug, wenn man erst mal das ganze Gerümpel, das sich im Laufe von Jahrzehnten oder gar eines Jahrhunderts angesammelt hatte, entfernte. Einiges warfen wir gleich weg, doch alles, was noch einigermaßen brauchbar erschien, räumten wir unter die Dachschrägen, wo die Sachen sogar noch einen nützlichen Zweck erfüllten, indem sie die ärgste Zugluft abhielten.

Während die Nordseite durch die angrenzende Heubühne geschützt war, bildete die Südseite eine Schwachstelle. Dort schien die Sonne munter durch die zahlreichen Ritzen, die sich zwischen den verwitterten Brettern gebildet hatten. Je nach Witterung würden also Wind und Regen ungehindert in den Raum eindringen können.

Was aber tun dagegen, ohne einen großen Aufwand betreiben zu müssen? Als ich näher hinschaute, erkannte ich, dass bereits einige der Ritzen mit Zeitungspapier zugeklebt waren, das allerdings an vielen Stellen in Fetzen herunterhing. Demnach schien dieser Bodenraum in früheren Zeiten bereits zum Schlafen genutzt worden zu sein. Die Alten hatten sich offenbar mit einfachen Mitteln zu helfen gewusst, dachte ich und beschloss, den zugigen Zwischenräumen ebenfalls mit Zeitungspapier zu Leibe zu rücken, damit es den Buben da oben im Winter nicht gar zu kalt würde.

Alte Zeitungen hatten wir schließlich reichlich im Haus, denn eine Tageszeitung gönnten wir uns immer. Es war ja nicht nur interessant zu erfahren, was in der Welt und im Kanton vorging, in der Zeitung standen oft auch wichtige Ankündigungen der Gemeinde, die man nicht versäumen durfte. Darüber hinaus hatte man auf diese Weise billiges Papier für allerlei Zwecke im Haus – fürs Scheißhüsli ebenso wie in der Küche zum Feuermachen. Im Winter stopfte man über Nacht die schneenassen Schuhe damit aus, und beim Nähen nutzte man es für die Schnittmuster. Nicht zu vergessen das Fensterputzen, für das Zeitungspapier völlig unentbehrlich war, denn mit keinem anderen Material ließen sich die Scheiben so blank reiben. Nun also sollte eine neue Funktion als Dämmschutz hinzukommen.

Bevor ich mich ans Werk machte, brachte mir der Friedel einen ganzen Stoß nebst Klebzeug herauf. Weil es jedoch keine Flickschusterei werden sollte, rissen der Willi und ich zunächst einmal die alten Papiere herunter und machten eine hochinteressante Entdeckung: Die verwendeten Zeitungen stammten aus dem Jahr 1799! Da wurde es wirklich Zeit für eine neue »Tapete«.

Nachdem ich zusammen mit den Buben alle Ritzen und Spalten sorgfältig abgedichtet hatte, konnte ich endlich darangehen, den Bodenraum zu »möblieren«. Am Abend schaffte ich mit Antons Hilfe eines der Betten aus der Bubenkammer für den Friedel und den Willi hinauf. In dem unten verbliebenen Bett würden weiterhin der Peter und der Heini schlafen. Was jetzt noch fehlte, war ein Bett für die Hanni und den Wälti, aber woher eines nehmen, ohne es kaufen zu müssen? Wo wir uns auch umhörten, niemand in der Verwandtschaft schien eines übrig zu haben.

So schwer es uns auch fiel, wir mussten in den sauren Apfel beißen und ein Bettgestell vom Schreiner anfertigen lassen. Damit war es aber nicht getan, denn jetzt fehlten noch Kopfkissen und Federbett – wir mussten ganz schön tief in die Tasche greifen. Zwei Jahre später standen wir vor dem gleichen Problem, als die nächsten Kleinen nachrückten und zwei weitere Große auf den Dachboden mussten.

Bei allem Bemühen blieb das Ganze eine Notlösung, denn wirklich angenehm hatten es die Buben da oben fast nie, und sie taten mir oft leid. Im Sommer brannte die Sonne tagsüber so unbarmherzig aufs Dach und heizte die Ziegel derart auf, dass man sich dort auch nachts wie in einem Backofen fühlte. Erst ab Mitternacht wurde es, wenn überhaupt, einigermaßen erträglich, und die Buben konnten endlich schlafen. Im Winter dann war es unterm Dach so bitterkalt, dass einem der Atem vor dem Mund gefror, und bis zum Morgen bildete sich eine Reifschicht auf den Federbetten. Im Frühjahr und Herbst wiederum gab es Probleme anderer Art. Da pfiffen die Stürme zwischen den Dachziegeln hindurch und bliesen von Osten und Westen Schnee und Regen herein. Dieses Ungemach zumindest hatte man im Winter nicht, denn da bildete die dicke Schneeschicht auf dem Dach eine schützende Decke. Was allerdings in Anbetracht der anderen Unzulänglichkeiten nur ein schwacher Trost war.

## Schwarzschlachten

Die internierten polnischen Soldaten, denen wir letztlich die Elektrizität zu verdanken hatten, wurden im Laufe der Jahre, die sie notgedrungen in einem Lager verbringen mussten, auch für allerlei andere Dienste in der Gegend eingesetzt. Schließlich standen die meisten Einheimischen noch im Aktivdienst, und da wurden kräftige Männer gebraucht. So bekamen sie zum Beispiel den Auftrag, in den Bergwäldern Bäume zu fällen, was damals, ohne Motorsägen, noch eine gefährliche und anstrengende Arbeit war.

Offensichtlich war ihre Verpflegung, die sie für diese schwere Tätigkeit bekamen, reichlich. Zu reichlich, denn alle wussten, dass in den Abfallkübeln des Lagers viele einwandfreie Lebensmittel landeten – mehr, als die Landbevölkerung sich je hätte leisten können. Ein gefundenes »Fressen« im wahrsten Sinne für unsere immer hungrigen Buben, die an solch verschwenderischen Umgang mit Nahrung nicht gewöhnt waren. Aber noch etwas anderes entdeckten sie. Dass nämlich die Polen nicht nur im Überfluss zu essen hatten, sondern auch über ein gut gefülltes Getränkelager verfügten. Neugierig, wie Kinder nun mal sind, wollten drei der Lausbuben, der Peter, der Heini und der Wälti, auskundschaften, was es da Gutes gab. Wie sie es angestellt haben, in die Getränkekammer des Lagers einzudringen, haben sie mir nicht verraten. Wohl aber, dass sie beim Anblick der vielen Flaschen in verschiedenen Größen und Farben ganz blanke Augen bekamen, denn von daheim kannten sie schließlich nichts anderes als Wasser, allenfalls mit ein bisschen Most versetzt, und Pfefferminztee aus den Kräutern, die in unserem Garten wie Unkraut wucherten.

Eine von den schönen braunen Flaschen mit Bügelverschluss erweckte bei ihnen den Eindruck, sie sei leicht zu öffnen und ihr Inhalt müsse überdies gut schmecken. Da von dieser Sorte genügend Kästen herumstanden, würde es nicht auffallen, wenn sie eine Flasche mitgehen ließen, dachten sie und schafften es ohne Schwierigkeiten, ihre Beute an den Wachen vorbeizuschmuggeln. Im nahen Wald suchten sie sich daraufhin ein geeignetes Versteck, um sich den verlockenden Inhalt ungestört zu Gemüte zu führen. Peter, der schon die zweite Klasse besuchte und als einziger der Brüder lesen konnte, versuchte zunächst zu entziffern, was ihnen da in die Hände gefallen war. »Bier«, stand auf dem Etikett. Sie kannten nicht mal das Wort, geschweige denn hatten sie so etwas in ihrem Leben gesehen und erst recht nicht getrunken. Verwundert stellte die kleine Schar fest, dass die Flasche beim Öffnen zischte. Noch mehr staunten sie über den weißen Schaum, der herausquoll und in ihnen die Erwartung weckte, es mit einem lieblichen, süßen Getränk zu tun zu haben. Wie enttäuscht waren sie daher, dass dieses prickelnde Zeug keineswegs süß, sondern von ausgesprochen bitterem Nachgeschmack war. Was sie jedoch nicht daran hinderte, die Flasche bis zum letzten Tropfen zu leeren. So konsumierten die drei Knirpse von neun, sechs und fünf Jahren das erste Bier ihres Lebens.

Waren die Flaschenbatterien der Polen eine allzu große Versuchung für meine Söhne, so waren es die gut gefüllten Abfallkübel für unsere Schweine, die täglich ins Freie geführt wurden, damit sie sich einen Teil ihrer Nahrung selbst suchten. Und vor den Toren des Lagers fanden sie das reinste Schlaraffenland in Gestalt der flachen, offenen Behälter, die sie nach Herzenslust durchwühlen konnten. Kein Wunder, dass sie auf diese Weise rund und fett wurden – genauso, wie wir uns das für unsere künftigen Braten- und Schinkenstücke vorstellten. Allerdings existierten neben anderen Rationierungen während des Krieges auch genaue Vorschriften, wann, wie oft und wie viel geschlachtet werden durfte. Alles musste vorher umständlich angemeldet und genehmigt werden, und es wurde immer wieder festgesetzt, wie viel wir davon abliefern mussten.

Eines Tages nun entdeckten wir, dass ein Schwein lahmte. Vielleicht hatte es sich bei der Futtersuche verletzt, war in eine Glasscherbe getreten, hatte sich am Deckel einer Konservendose geschnitten – wir wussten es nicht, machten uns auch nicht die Mühe, lange nach einer Ursache zu forschen. Und einen Tierarzt zu bemühen, der viel Geld kostete, das kam uns erst recht nicht in den Sinn. Uns genügte die Beobachtung, dass unser armes Schwein hinkte.

Ehe wir Gefahr liefen, dass sich der Fuß entzündete und das Tier verendete, wodurch das Fleisch für uns unbrauchbar geworden wäre, entschlossen wir uns kurzerhand zur Schlachtung. Ohne dieses

Vorhaben anzumelden und genehmigen zu lassen, versteht sich. Das alles hätte ja viel zu lange gedauert, und die Aussicht auf ein zusätzliches Stück Fleisch im Topf war zudem mehr als verlockend. Also schlachteten wir schwarz, bei Nacht und Nebel in der hintersten Ecke des Stalles unter den größten Vorsichtsmaßnahmen, und fühlten uns vollkommen sicher, dass niemand von unserem ungesetzlichen Treiben Wind bekommen hatte.

Daher fielen wir aus allen Wolken, als am nächsten Tag, kaum dass der Morgen graute, die Polizei daherkam, eine Hausdurchsuchung durchführte und natürlich fündig wurde. Wir haben nie erfahren, wer uns beobachtet und angezeigt hatte, und zahlten zähneknirschend die Buße von siebzig Franken – für uns sehr viel Geld, dessen Verlust uns wehtat. Der einzige Trost war, dass wir das Fleisch behalten durften.

Allerdings hielt uns die harte Bestrafung nicht davon ab, auch in Zukunft wiederholt heimlich zu schlachten – in Notzeiten nimmt wohl die Einsicht in den Sinn und die Berechtigung regulierender Vorschriften ab, selbst bei sonst so korrekten Leuten wie uns. Wir lernten jedoch aus dem Vorfall, dass wir noch vorsichtiger vorgehen und »begleitende Maßnahmen« ergreifen mussten.

Einige Quadratmeter unseres Stalles teilten wir also mit einer Wand ab, und ein Außenstehender hätte nicht einmal vermutet, dass sich dahinter ein Verschlag mit einem gut verborgenen Zugang befand. Vor allem aber hatten wir erkannt, dass sogar die Ordnungshüter nicht absolut prinzipientreu waren, und so wanderte von jedem offiziell geschlachteten

Tier ein ordentliches Stück Fleisch zu unseren Polizisten, die schließlich auch nur arme Teufel waren. Manchmal kamen sie am Tag der Schlachtung vorbei, inspizierten die in der Küche aufgehängten Fleischstücke und trugen irgendein Stück am Ende dankbar davon. Meist im Schutz der Dunkelheit, denn schließlich musste das ja nicht jeder mitbekommen. Der Krieg hatte eben seine eigenen Regeln.

Ein weiterer Trick bestand darin, dass wir bei jeder angemeldeten, also legalen Schlachtung gleich ein weiteres Tier mitschlachteten. Das offizielle Schwein oder Rind wurde dann gut sichtbar aufgehängt, damit der Fleischbeschauer es begutachten und stempeln konnte. Das andere Tier verbargen wir in unserem Versteck, und wir aßen es ohne Stempel. Natürlich wussten wir, dass dies ein gewisses gesundheitliches Risiko barg, doch wir beruhigten uns mit dem Gedanken: wenn ein Tier gesund war, warum sollte das andere es nicht sein?

Eines Tages kam uns sogar ein besonders glücklicher Umstand in der damaligen Situation zu Hilfe. In Flüelen, unserer Bahnstation, war ein Transport von Kühen eingetroffen, die zur Fütterung ausgeschrieben waren, nicht aber zur Schlachtung. Mein Mann ging mit unserem Willi hin, begutachtete die Viecher und erstand einige, wobei er sogleich feststellte, dass man es bei diesem Handel mit dem Papierkram nicht so genau nahm, denn nichts wurde aufgeschrieben oder registriert. Der Anton bezahlte die Kühe einfach, führte sie heim und erhöhte dadurch unseren Viehbestand schlagartig, ohne dass dies irgendwo aktenkundig geworden wäre. Somit fiel es auch nicht auf, wenn wir gelegentlich ein Tier mehr als erlaubt schlachteten.

Bald sollte uns jedoch eine mittlere Katastrophe treffen, die das heimliche Schlachten von Rindern beendete. Da war ich heilfroh, dass wir zumindest noch einen beträchtlichen Vorrat an Geräuchertem und Eingepökeltem hatten. Es passierte im fünften Kriegsjahr, als während einer militärischen Übung in unserer Region ein großes Gebiet künstlich eingenebelt wurde. Man wollte damit testen, wie man im Ernstfall den Vormarsch des Feindes erschweren und die eigenen Stellungen unsichtbar machen konnte. Nachdem der künstliche Nebel eine geraume Zeit über Felder und Wiesen geschwebt hatte, bevor er sich auf den Erdboden senkte, ließen wir ebenso wie die anderen Bauern unsere Tiere wieder auf die Weiden. Alle Tiere fraßen eifrig, doch es dauerte nicht lange, da zeigten sämtliche Rindviecher unerklärliche Krankheitssymptome. Der herbeigerufene Veterinär konnte zunächst nichts Konkretes feststellen, doch die Tatsache, dass alle Kühe der Umgebung betroffen waren, legte die Vermutung nahe, dass die Erkrankung etwas mit den Nebelkanonen zu tun haben müsse.

Das wurde vom Militär vehement abgestritten, bis mehrere Tierärzte durch umfangreiche Untersuchungen eindeutig den Zusammenhang beweisen konnten. Die erkrankten Tiere wurden per Eisenbahnwaggon abtransportiert und in einen großen Schlachthof gebracht. Was mit dem Fleisch geschah, haben wir nie erfahren. Zum Verzehr für den Menschen war es jedenfalls nicht mehr geeignet. Vom Militär bekamen wir nur eine lächerliche Entschädigung, und selbst auf diese mussten wir lange Zeit warten.

Nach sechs Jahren war der Krieg endlich vorüber, und man glaubte aufatmen zu können. Das Leben normalisierte sich, und die Ernährungslage wurde zusehends besser. Zwar blieben uns die Lebensmittelkarten noch eine Weile erhalten, aber zumindest musste man nichts mehr abliefern. Die Freude über den wirtschaftlichen Aufschwung währte jedoch nicht lang, weil uns bald die nächste Heimsuchung ins Haus stand.

Es muss 1947 oder 1948 gewesen sein, da musste abermals unser gesamter Viehbestand notgeschlachtet werden. In unserem Stall und in einigen anderen war nämlich TBC ausgebrochen – Ursache unbekannt. Alle Rinder, selbst die Jungtiere, wurden abtransportiert, und man erhielt pro Stück nur einen Minimalbetrag an Entschädigung. Das bedeutete für uns, abermals bei null anzufangen. Durch unermüdlichen Fleiß und strikte Sparsamkeit schafften wir es, uns durch den Kauf einiger guter Kühe mit der Zeit wieder einen ansehnlichen Viehbestand aufzubauen, auf den der Anton mächtig stolz war. Dass er etwas von Rindviechern verstand, zeigt allein die Tatsache, dass man ihn nach Altdorf in die Kommission berief, die alljährlich im Herbst die Viehprämiierung für den ganzen Kanton vornahm. Man schätzte seine kluge und besonnene Art, und mit der Zeit wurden ihm noch weitere Ehrenämter übertragen. Er diente unserem Dorf nacheinander als Gemeinderat, als Schulrat und als Armenrat, behielt aber daneben sein Amt als unbestechlicher Preisrichter weiterhin bei.

# Spiel und Ernst

Bei uns war es üblich, dass alle, ob Groß oder Klein, im Rahmen ihrer Möglichkeiten mit anpackten, denn nur so konnte unser großer Haushalt funktionieren. Der Sonntag aber war mir heilig. Da gingen am Vormittag alle, die schon eine größere Strecke laufen konnten, mit dem Vater zur Kirche, während ich bei den Kleinkindern blieb. Der Nachmittag dann war frei zum Spielen, und das genossen alle in vollen Zügen. Wenn das Wetter es erlaubte, tollten sie draußen herum, und besonders im Frühjahr zog es sie mit dem ersten Sonnenstrahl ins Freie.

Dort vergnügten sich die Buben bevorzugt mit ihren Murmeln. Jeder von ihnen besaß einen kleinen, von mir genähten Stoffbeutel, in dem er die kleinen Kugeln aufbewahrte und den er hütete, als befände ich ein Goldschatz darin. Und je mehr er hatte, desto sorgsamer passte er auf den Beutel auf, denn bei den Spielen ging es schließlich darum, den anderen so viele Murmeln wie eben möglich abzunehmen. Zumindest blieb alles in der Familie, denn andere Kinder waren nicht beteiligt – die wohnten zu weit weg. In den ersten Jahren konnten wir uns nur kleine Tonkugeln leisten. Doch als die Zeiten etwas besser wurden, kauften wir den Buben Glas- und noch später glänzende Nickelmurmeln in verschiedenen Größen. Eigenartigerweise beteiligten sich unsere Mädchen nur selten an diesen Spielen; sie bevorzugten Fangen oder Verstecken, hauptsächlich jedoch Seilspringen.

Im Sommer zogen alle gemeinsam in den Wald, um Beeren zu sammeln. Da musste jede freie Minute genutzt werden, denn sonst gab es nicht genug von den guten Marmeladen und Gelees, die alle so sehr liebten. Allerdings zog es meine älteren Söhne auch noch in den Wald, wenn es dort nichts mehr zu ernten und zu sammeln gab. Was sie dort trieben, blieb jedoch lange Zeit ein Geheimnis für mich. Ihre Spiele waren jedenfalls nicht ungefährlich, wie ich sehr viel später erfuhr, als einer von ihnen die »Schandtaten« beichtete. Wie gut, dass man nicht alles weiß, dachte ich mir damals. Sonst hätte ich sie bestimmt sonntags nicht in den Wald gelassen und sie auf diese Weise mancher vergnüglichen Stunde und mancher Erfahrung beraubt.

Das eine Spiel, von dem ich erfuhr, nannten sie »Hexenreiten«. Sie waren wohl beim Laubsammeln für ihre Matratzen auf die Idee gekommen. In unseren Betten lagen nämlich Säcke, die aus grobem Leinen gewebt und mit trockenem Laub gefüllt und durchaus nicht unbequem waren. Ja, im Herbst, wenn neues Laub darin war, schlief man darauf wie ein Murmeltier. Ab einem gewissen Alter mussten die Kinder sich um das Füllen ihrer Bettsäcke selbst kümmern – eine Aufgabe, der sie mehr als bereitwillig nachkamen. Sobald es auf den Herbst zuging, konnten sie es kaum erwarten, bis es wieder so weit war. Zum einen, weil es sich auf dem alten, zusammengedrückten und zerbröselten Laub von Tag zu Tag schlechter schlief, zum anderen, weil sie ausgesprochen gerne im Wald herumtobten und sich mit Laub bewarfen. Deshalb wären sie am liebsten mit ihren Säcken schon losgezogen, sobald die ersten gelben Blätter von den Bäumen segelten. Oftmals standen sie am Fenster, beobachteten die Obstbäume im Garten und riefen aufgeregt: »Mama, Mama, wir müssen in den Wald, schau, die Blätter fallen.«

Da musste ich immer wieder bremsen: »Nein, Kinder, es ist noch zu früh. Die Blätter müssen erst braun werden.«

Und wenn ab Mitte Oktober der Wind die braunen Blätter mächtig von den Bäumen schüttelte, hörte ich täglich die Frage: »Mama, wann dürfen wir endlich lauben?«

Doch ich musste sie weiterhin vertrösten: »Jetzt noch nicht, Kinder. Das Laub muss erst trockener werden. Und es muss mehr fallen, damit ihr beim Aufsammeln weiniger Mühe habt. Wir warten, bis ein Föhnsturm das Laub zusammengetrieben hat.«

So war das schon bei mir zu Hause gewesen. Unsere Mutter hatte ebenfalls jedes Jahr das Herbstwetter aufmerksam beobachtet und uns nach einem kräftigen Föhn zu sich gerufen. »Wenn wir wieder gut schlafen wollen«, hatte sie uns angewiesen, »müssen wir uns jetzt aufmachen mit unseren Säcken. Mittlerweile sind die Blätter so zusammengeweht, dass wir das Laub nur in die Säcke hineinzustopfen brauchen.« Und genauso hielt ich es mit meinen Kindern. Sobald der ersehnte Tag endlich da war, schleppten sie ihre Säcke herbei und kippten den Inhalt in eine Ecke des Stalles, wo man es noch als Streu für die Kühe verwenden konnte.

In den ersten Jahren begleitete ich meine Kinder in den nahe gelegenen Buchenwald, denn meiner Erfahrung nach war dieses Laub am geeignetsten zur Befüllung der Bettsäcke. Die Blätter waren klein, blieben lange geschmeidig, und ihre Stiele waren kurz und nicht zu hart. Ich zeigte ihnen, worauf sie alles zu achten hatten, vor allem auf ausreichende Trockenheit. Auf diese Weise entwickelten sie allmählich ein Gespür dafür, wie das Laub beschaffen sein musste, wenn man es »ernten« wollte. Damals hielt ich das für wichtig, denn ich konnte schließlich nicht ahnen, dass dieses Wissen bald überflüssig sein würde, weil die modernen Matratzen ihren Siegeszug auch in unserer Bergeinsamkeit antraten.

Jedenfalls zogen meine Buben irgendwann allein in den Wald, zuerst zum Laubsammeln und dann nur zum Spielen. Ich schöpfte keinerlei Verdacht, dass sie dort etwas anstellen könnten. Ich passte nur auf, dass sie ihre ältesten Schuhe und Kleider anzogen. Schuhe wurden bei uns übrigens nur ab Mitte September bis Ende April getragen. Die übrige Zeit liefen die Kinder barfuß, wenn es nicht gerade schrecklich regnete.

Unser Ältester, der Friedel, besaß ein Taschenmesser, das ihm sein Götti zum zwölften Geburtstag geschenkt hatte. »Was ein echter Schweizer Bub ist, der muss ein echtes Schweizer Taschenmesser besitzen«, hatte sein Pate erklärt. Es war ein wirklich tolles Messer mit einer kleinen und einer großen Klinge, einem Korkenzieher, einem Flaschen- und einem Dosenöffner, und die jüngeren Brüder hatten keinen sehnlicheren Wunsch, als auch ein solches Messer zu besitzen. Vorerst aber mussten sie sich damit begnügen, hin und wieder das vom Friedel in die Hand nehmen zu dürfen.

Und sie brauchten das Messer fürs »Hexenreiten«. Zunächst hielten sie auf dem Waldboden nach soliden Ästen Ausschau, die mit dem Messer von allen Zweigen befreit wurden, bis nur noch ziemlich glatte Stangen übrig blieben. Anschließend suchten sie sich oberhalb eines Abhangs eine laubreiche Mulde und scharrten die Blätter an die Kante, von der aus es nach unten ging.

Jetzt konnte das eigentliche Spiel beginnen: Man setzte sich rittlings auf die Stange, die man großspurig Besen nannte, und rutschte auf dem Laub und mit dem Laub den Hang hinunter. Meist klappte das problemlos, und sie hatten einen Mordsspaß dabei. Manchmal aber schrammte einer der Hexenreiter mit einem Bein oder dem Allerwertesten über einen Stein und zog sich ganz ordentliche Blessuren zu. Die jedoch mannhaft ertragen wurden, denn die Mutter durfte nichts von dem Spiel wissen.

Mit der Zeit wurden die Buben zunehmend waghalsiger. Immer steilere Hänge suchten sie sich aus und immer längere Bahnen. Dabei hätte es den Willi einmal um ein Haar ganz übel erwischt. Eine neu entdeckte Mulde schien eine rasante, lange Abfahrt zu versprechen – dass sie in eine Felsschlucht führte, erkannte er erst auf halber Strecke. Gerade noch rechtzeitig, um abzubremsen und sein »Fahrzeug« wenige Zentimeter vor der Felskante zum Stehen zu bringen. Mir setzte das Herz aus, als ich davon erfuhr, und ich dankte noch im Nachhinein seinem Schutzengel, der ganze Arbeit geleistet hatte. Zum

Glück hatten auch seine Brüder, die bei dem Abenteuer zuschauten, den Ernst der Lage erkannt und zogen die Konsequenzen. Ab sofort mieden sie diesen Bereich und beschränkten sich mit ihren Hexenritten wieder auf ein ungefährlicheres Gelände.

Ein anderes gefährliches Spiel, von dem ich erfuhr, hatte mit unserem Nationalhelden zu tun. Da wir in unmittelbarer Nähe von Altdorf wohnten, der angeblichen Heimat von Wilhelm Tell, hörten die Kinder im Unterricht besonders viel über diesen Freiheitskämpfer – und natürlich auch über seinen bewundernswerten Umgang mit der Armbrust. Kein Wunder, dass ein jeder Bub sich bald wie ein kleiner Wilhelm Tell fühlte. Und auch eine Armbrust musste her. Doch woher nehmen, wenn man kein Geld hatte, sich eine zu kaufen?

Kinder sind ja so erfinderisch! Zunächst versuchten meine Söhne, aus biegsamen Ästen ein solches Gerät zu basteln, was nicht so recht funktionierte, weil das Holz nicht elastisch genug war. Dann entdeckten sie den großen schwarzen Schirm, der noch vom Großvater stammte und dessen Stoff so verschlissen war, dass er als Regenschutz nicht mehr taugte. »Nein, Mama, nicht wegwerfen«, bettelten sie im Chor. »Gib ihn uns. Wir können damit noch schön spielen.«

Ich dachte mir nichts Böses. »Meinetwegen könnt ihr ihn haben«, sagte ich und überließ ihnen großzügig das »wertlose Ding«, freute mich überdies, meinen Kindern, die mit Spielzeug nicht gerade gesegnet waren, wenigstens einen bescheidenen Gefallen tun zu können.

Vorsichtig zerlegte der Friedel das Gestänge in seine Einzelteile, sorgsam darauf achtend, nichts zu beschädigen. Jeder der fünf ältesten Brüder bekam einen Teil, und dann verschwanden sie damit im Wald. Suchten dort nach geeigneten Ästen, schnitzten daran herum – inzwischen besaßen schon drei Buben eines der begehrten Taschenmesser – und bauten sie mit den Stangen aus dem Schirm zu einer Art Armbrust zusammen. Und schon konnte der Wettbewerb beginnen.

Bei ihren ersten Schießversuchen zielten sie noch auf Bäume, doch bald wurden sie kühner und begannen wie ihr Idol auf Äpfel zu zielen, die sie aus unserem Garten holten. Soweit ich den Worten meiner Söhne glauben darf, haben sie sich zumindest damit begnügt, die Äpfel auf einen Baumstumpf oder einen Zaunpfahl zu stellen. Wer traf, durfte die Beute verspeisen. Nicht auszudenken, was hätte passieren können, wenn sie es tatsächlich wie Wilhelm Tell versucht hätten …

Zum Glück kannten meine Heldensöhne jedoch auch ungefährlichere Spiele – solche, an denen sogar ihre Schwestern teilhaben konnten, sofern sie sich zum Schweigen verpflichteten. Im Herbst, wenn Regen, Sturm und Schneegestöber den Aufenthalt im Freien zu unwirtlich werden ließen, verzogen sich am Sonntagnachmittag die älteren Kinder in der Regel nach oben. Ich dachte, dass sie in der Bubenkammer, direkt unterm Dach, friedlich miteinander spielten, denn nie drang ein Laut nach unten. Dass sie ganz woanders waren, erfuhr ich erst später durch Zufall. Es war ausgerechnet unsere alte

Familienbibel, die sich schon seit Urväterzeiten im Haus befand, die mich eines Tages auf die richtige Fährte brachte. Normalerweise wurde sie nur einmal im Jahr zur Hand genommen, am Weihnachtsmorgen nämlich, wenn ein Familienmitglied daraus die Weihnachtsgeschichte vorlas.

Am ersten Adventssonntag des Jahres 1947 nun hatten sich die meisten Kinder wieder einmal nach oben begeben. Der Vater besuchte mit den beiden großen Söhnen eine Viehausstellung in Altdorf. Die Heidi saß bei mir in der Küche und strickte an einem Strumpf, während die beiden jüngsten Buben, der Toni und der Rudi, mit Bauklötzen spielten – der eine baute, und der andere warf alles wieder um.

Nachdem der Abwasch erledigt war, hatte ich endlich ein bisschen Muße, mich am Anblick meiner spielenden Kinder zu erfreuen. Wie schnell das alles geht, dachte ich. Jetzt sind die beiden Großen, der Friedel und der Willi, schon in der Arbeit, und der Peter wird ihnen im nächsten Jahr folgen. Irgendwann sind alle weg, und wir Alten sitzen allein in unserem Haus. In dieser wehmütigen Stimmung war mir so recht danach, ein paar Kapitel in der Bibel zu lesen, doch ich fand sie nicht – nicht an ihrem üblichen Platz und auch nicht anderswo.

»Wo ist eigentlich die Bibel geblieben?«, forschte ich beim Nachtessen, als die Familie beisammensaß.

»Die … die …«, stotterten einige. Andere senkten verlegen die Köpfe und stießen die Stotterer sanft in die Rippen.

»Jetzt aber mal raus mit der Sprache!«, verlangte ich energisch. »Ihr könnt doch um Gottes willen so ein altes Familienerbstück nicht einfach verschwinden lassen.«

»Verschwunden ist es nicht«, piepste die fünfjährige Ursi mit treuherzigem Blick.

»Siehst, wir hätten sie doch nicht mitmachen lassen sollen«, zischte der dreizehnjährige Peter dem Wälti zu.

»Ach was, warum soll's die Mutter denn nicht wissen?«, verteidigte sich der Wälti. »Schließlich ist es ja nichts Unrechtes.«

Und dann plapperten alle so wild durcheinander, dass ich kein Wort verstand. »Jetzt mal ganz langsam und schön der Reihe nach. Peter, was ist mit der Bibel?«

»Die brauchen wir als Messbuch«, gestand er ein.

»Als Messbuch?«, fragte ich in ungläubigem Staunen. »Wieso das?«

Dann ging das Geschnatter erneut los, und es dauerte eine Weile, bis ich begriffen hatte, dass meine Sprösslinge am Sonntagnachmittag mit Begeisterung Heilige Messe spielten. »Ja, so was! Seit wann geht denn das schon?«, wollte ich vom Heini wissen.

»Da musst den Friedel und den Willi fragen«, erwiderte er. »Die haben schon Messe gespielt, da durfte ich noch nicht mitmachen, weil ich zu klein war.«

»Vor drei oder vier Jahren sind wir auf die Idee gekommen«, antwortete der Friedel.

»Wir wären so gern Ministranten geworden«, ergänzte der Willi. »Aber weil wir zu weit von der Kirche wegwohnen, durften wir nicht. Deshalb haben wir halt angefangen, unseren eigenen Gottesdienst zu machen. Aber wir haben die Bibel immer rechtzeitig vor Weihnachten in die Schublade zurückgelegt«, fügte er hinzu. »Wir konnten ja nicht wissen, dass du die Bibel heute schon brauchst.«

Bei meinem weiteren Verhör erfuhr ich noch, dass dieses sonderbare Spiel nicht in der Bubenkammer stattfand, sondern auf dem angrenzenden Heuboden.

»Ja, wie kommt ihr denn dahin?«, erkundigte ich mich. »Es führt doch keine Tür hinüber.«

»Wir haben ein Loch«, verkündete die Ursi, offenbar froh, dass sie endlich wieder reden durfte.

»Ein Loch?«, fragte ich ungläubig. »Ich hab nie eines gesehen, wenn ich eure Betten machte.«

»Das ist auch gut versteckt«, prahlte der Peter.

Das musste ich mir bei Gelegenheit ansehen, beschloss ich.

Am nächsten Sonntag zogen mein Mann und ich mit der ganzen Schar, außer den beiden Ältesten, die sich mittlerweile zu alt für dieses Spiel fühlten, hinauf in die Bodenkammer. Vor unseren staunenden Augen löste der Peter dort mit geschickter Hand zwei Bretter aus der Wand, sodass ein Durchschlupf zum Heuboden entstand. Gerade groß genug, dass die Älteren noch hindurchpassten. Für uns Eltern war der Spalt jedoch eindeutig zu schmal. Damit der Peter nicht ein weiteres Brett von der Wand riss, zogen wir es vor, den üblichen Weg zu nehmen, nämlich über den Hof. Aber wir wollten es uns auf keinen Fall entgehen lassen, dem frommen Spiel unserer Kinder, zu dem sie uns großmütig eingeladen hatten, beizuwohnen.

Vor Staunen blieb uns zunächst der Mund offen stehen, als wir ihr »Allerheiligstes« betraten, das durch eine Heuwand so geschickt getarnt war, dass man selbst dann nichts davon sah, wenn man Heu holte. Immerhin war mir dieser Andachtsraum jahrelang nicht aufgefallen. Bei unserer Ankunft steckten die Kinder bereits in ihren »Messgewändern«, die erkennen ließen, wer wen verkörperte. Der Wälti in einem weißen Nachthemd, das noch aus dem Nachlass des Großvaters stammte, war eindeutig der Pfarrer. Als Stola trug er einen bunten Wollschal. Peter, der Sigrist, wie man bei uns den Messner oder Küster nennt, trug ein bodenlanges schwarzes Kleid, das seine Großmutter früher zu festlichen Anlässen getragen haben mochte. Die übrigen Kinder fungierten als Ministranten und bildeten eine farbenfrohe Schar, denn sie hatten sich die Sommerröcke der Mädchen über die Schultern gestülpt. Selbst unsere Töchter durften Ministranten sein, womit sie ihrer Zeit weit voraus waren, denn in der Realität wurde das erst in den Siebzigerjahren erlaubt.

Da jeder der sechs Akteure ein Amt am Altar bekleidete, blieb niemand als »Kirchenbesucher« übrig, und so hatte man auf »Kirchengestühl« gänzlich verzichtet, dafür aber auf die Ausstattung des »Altarraums« größte Sorgfalt verwendet. Ich war erstaunt darüber, mit wie viel Fantasie meine Kinder zu Werke gegangen waren. Auf einem ziemlich niedrig verlaufenden Querbalken lag ein breites Brett, das eindeutig aus Vaters Werkstatt stammte und einen, wenn auch wackligen, Altar bildete. Zwei kurze Balken, die sie davorgelegt hatten, dienten offensichtlich als Altarstufen, auf denen die Ministranten zu knien hatten. In dem Altartuch erkannte ich ein zerschlissenes Leintuch aus meiner Flickenkiste wieder. Als »Kerzen« dienten Fichtenzapfen, die in grob geschnitzten Haltern steckten. Sogar »Blumenschmuck« gab es: Fichtenzweige, die in Konservendosen standen. Und, der Gipfel der Fantasie, als »Altargeläut« fungierten drei leere Kondensmilchdosen, die durch Drähte miteinander verbunden waren. In jeder hing ein Klöppel, den sie aus Draht und einem Steinchen gebastelt hatten. Die Milchdosen stammten ebenso wie die Konservendosen noch vom Müllplatz des früheren Internierungslagers. Es reizte mich gleich, diese »Glöckchen« mal auszuprobieren, die auch wirklich ganz ordentlich schepperten. Und als Prunkstück lag zwischen all dem Sammelsurium unsere wertvolle Familienbibel, die zu meiner Erleichterung unversehrt war.

Nachdem wir alles gebührend bestaunt und begutachtet hatten, durften wir auch noch der »Kindermesse« beiwohnen, die sie mit erstaunlichem Ernst und ziemlich wirklichkeitsnah zelebrierten. Als das »Kelchtuch« gelüftet wurde, entdeckte ich darunter eines der guten Weingläser von Antons Großeltern. Vermisst hatte ich es bisher nicht, denn seit ich in diesem Hause wohnte, hatten wir uns noch keinen Wein leisten können.

Es wurde gesungen und gebetet und zur rechten Zeit geläutet. Auch schwenkte einer der Ministranten hin und wieder ein Rauchfass, das ebenfalls aus einer ausgedienten Konservendose bestand. Rechts und links hatten sie ein Loch gebohrt und einen langen Bindfaden daran befestigt. Ich dankte dem Herrgott im Stillen, dass die Kinder nicht auf die

Idee gekommen waren, Harz hineinzugeben und zu entzünden, wie wir das früher vor unserem Maialtärchen im Freien praktiziert hatten. Hier, auf dem Heuboden, hätte ein Funke genügt, um das ganze Haus in Flammen aufgehen zu lassen.

Durch solche Überlegungen wurde ich kurzzeitig von der frommen Handlung abgelenkt, doch als Pfarrer Wälti die »Kanzel«, einen alten Holzkasten aus Vaters Werkstatt, bestieg, war ich wieder voll bei der Sache. Er lieferte eine Predigt, die sich hören lassen konnte. Dennoch hagelte es Proteste: »Immer will Wälti der Pfarrer sein«, monierte der Peter.

»Ich kann eben am besten predigen«, verteidigte sich der Angegriffene.

»Woher willst das wissen? Du hast mich ja noch nie predigen lassen«, behauptete der Heini.

»Nie darf ich das Glöckli läuten«, beschwerte sich Klein-Ursi.

»Du kannst es ja noch nicht gescheit«, wies die Hanni sie zurecht. »Du läutest entweder zu spät oder zu früh.«

»Gar nicht wahr«, schmollte die Kleine.

»Wenn ich schon nicht Pfarrer sein darf, dann will ich wenigstens der Sigrist sein«, meldete der Heini einen neuen Wunsch an. »Immer meint der Peter, das kann nur er.«

»Was soll ich denn sonst machen, wenn der Wälti schon der Pfarrer ist?«

»Du könntest auch mal Ministrant sein«, schlug der Heini vor.

»Dass ich nicht lach! Das geht doch nicht, dass der Ministrant größer ist als der Pfarrer.«

»Ich bin auch größer als der Pfarrer«, hielt der Heini dagegen.

»Aber nur ein kleines bisschen. Das macht nichts«, behauptete der Walter.

Obwohl ich daraufhin vorschlug, mit den Ämtern von Woche zu Woche abzuwechseln und auch die anderen Geschwister, die bisher nicht zu dem erlauchten Kreis gehört hatten, einzubeziehen, ging das Hin und Her noch eine Weile weiter. Bis ich den Diskussionen ein Ende machte, indem ich die ganze Truppe mit in die Küche nahm. Dort setzte ich mich mit Zettel und Bleistift hin und stellte einen genauen Plan auf, wer wann was sein durfte. Danach kehrte endlich Ruhe ein.

Da der Wälti offensichtlich mit großer Begeisterung und gekonnt den Pfarrer spielte, keimte in mir eine Hoffnung auf, wie sie damals viele kinderreiche Mütter hegten, nämlich dass einer der Söhne einen geistlichen Beruf ergreifen würde. Deshalb nahm ich meinen Sohn nach dem Abendessen beiseite: »Sag mal, Wälti, möchtest du vielleicht Pfarrer werden?«

»Ja, gern«, antwortete er, »wie wird man das?«

»Genau weiß ich das auch nicht. Du wirst halt aufs Kollegium Karl Borromäus gehen müssen.« Das war die einzige höhere Schule, die ich kannte, weil sie in unserer Nähe lag. »Am besten wir fragen mal den Herrn Pfarrer.«

Nach dem Hochamt am folgenden Sonntag ging ich mit dem Walter klopfenden Herzens zum Pfarrhaus, drückte dort zaghaft auf die Klingel. Von der Pfarrköchin wurden wir mit den Worten:«Sie müssen noch einen Moment warten, bis der Herr Pfarrer von der Kirche zurück ist«, in das Empfangszimmer geführt. Ehrfürchtig nahmen wir auf den zierlichen Stühlen Platz. Wenig später tauchte der hochwürdige Herr mit gestrenger Miene auf. Ob er wohl ärgerlich war, weil wir ihn von seinem Mittagessen abhielten, dachte ich. Doch als ich mein Anliegen vortrug, wurde er zusehends freundlicher. »Ja, Bub, Pfarrer willst werden? Das ist ein schöner Entschluss. Unser Herr braucht viele Arbeiter für seinen Weinberg.«

»Also, in einen Weinberg möchte ich eigentlich nicht«, antwortete mein Sohn. »Ich dachte eher daran, in der Kirche die Heilige Messe zu lesen.«

Da lachte der Pfarrer so schallend, dass wir gleich erschraken. »Nein, Bub, brauchst keine Angst zu haben«, sagte er und legte dem Wälti eine Hand wohlwollend auf die Schulter. »Das ist nur ein Vergleich, den Jesus selbst benutzt hat. Damit meint er selbstverständlich seine Kirche.«

Dann erklärte er uns mit einfachen Worten, wie der Werdegang eines Priesters aussah und wie lange so ein Studium in etwa dauerte. »Jetzt weißt du das Wichtigste«, erklärte er abschließend, »und musst dir genau überlegen, ob du diesen Weg wirklich gehen willst. Er ist lang und mühsam und kein Zuckerschlecken. Auch wird diese Ausbildung deine Eltern viel Geld kosten, und du wirst fleißig lernen müssen.« Wie vorher schon nickte mein Sohn auch zu dieser Ermahnung verständnisvoll.

Dass der Wälti recht intelligent war, hatten wir bereits gemerkt, denn in der Schule, in der immer zwei Jahrgänge zusammengefasst waren, hatte er sogar die Älteren in seiner Klasse mit seiner raschen

Auffassungsgabe ausgestochen. Das galt auch für seine Geschwister. Als unsere beiden Zwillingspaare nämlich im dritten und vierten Jahr waren, wurde für diese beiden Gruppen derselbe Stoff durchgenommen. Und bei den Hausaufgaben zeigte sich bald, dass der Walter der Beste im Rechnen und im Aufsatzschreiben war. Deshalb machten seine Geschwister es sich leicht, warteten geduldig, bis er fertig war, und schrieben dann die Sachen ab. Eines Tages aber war es mit Wältis Großmütigkeit vorbei. Seiner Meinung nach hatte er einen besonders guten Aufsatz geschrieben, und den wollte er nun partout nicht teilen. Daraufhin ging ein Proteststurm los, den ich zwar mitbekam, dessen Ursache ich aber falsch deutete. Jedenfalls gab ich dem Walter die Schuld und verpasste ihm eine Ohrfeige, um das Gezänk zu beenden. »Wenn sie sich nicht selbst etwas ausdenken, lernen sie ja nichts dabei«, verteidigte er sich zwar, rückte sein Heft jedoch schließlich widerstrebend heraus.

Am nächsten Tag bekamen die drei Abschreiber in der Schule die Quittung, denn der Lehrerin, einer Ordensschwester, fiel auf, dass die vier Aufsätze sich verdächtig ähnelten, und sie wusste auch gleich, wer der wirkliche geistige Urheber war. Am Nachmittag machte sie sich eigens die Mühe, zu uns herauszuwandern. Ich war gerade im Garten beschäftigt, als sie am Zaun stehen blieb. »Gründlibäuerin, Sie müssen besser auf Ihre Kinder achtgeben.«

Ich bekam einen gehörigen Schreck. »Ja, was ist denn mit ihnen? Hat eines was angestellt?«, brachte ich stockend hervor.

»Nun, direkt angestellt nicht. Aber ich habe den Verdacht, dass drei den Hausaufsatz vom Walter abgeschrieben haben. Sorgen Sie doch bitte dafür, dass so etwas nicht mehr vorkommt.«

Da war ich tief beschämt, weil ja gerade ich es gewesen war, die das Abschreiben nicht nur nicht verhindert hatte, sondern meinen Sohn sogar genötigt hatte, es zuzulassen. Innerlich leistete ich meinem Walter Abbitte.

Schnell verging das nächste halbe Jahr, und es stand die Entscheidung an, den Buben aufs Gymnasium zu schicken oder nicht. Der Besuch einer höheren Schule und das anschließende Studium würden von uns große finanzielle Opfer fordern. Was, wenn der Sohn doch nicht das Zeug dazu hatte?

Wir besprachen uns mit seiner Klassenlehrerin, die ihn uneingeschränkt fürs Gymnasium empfahl. Er sei intelligent, fleißig und ausdauernd, sagte sie, und deshalb beschlossen wir, die nötigen Opfer zu bringen, wenn unser Sohn weiterhin zu seinem Wunsch stand.

»Also, Wälti«, leitete ich das Gespräch ein. »Jetzt steht die Entscheidung an. Nach den Ferien sollst aufs Gymnasium überwechseln, weil du ja Pfarrer werden möchtest.«

Doch was erwiderte mein Sohn? »Aufs Gymnasium möcht ich schon, aber Pfarrer möcht ich nicht mehr werden.«

Seine Antwort verschlug mir fast die Sprache. »Ja … ja …, was soll denn das?«, fragte ich irritiert. »Im letzten Jahr hast doch ganz anders geredet, sogar beim Herrn Pfarrer.«

»Ja, schon, das war halt damals so eine Idee. Inzwischen hab ich's mir aber anders überlegt.«

Es dauerte eine Weile, bis ich mich wieder gefasst hatte, machte seine Antwort doch all meine Träume zunichte. »Wenn du nicht Pfarrer werden willst, brauchst auch nicht aufs Kollegium«, stellte ich fest.

»Warum nicht? Wenn ich das Kollegium besuche, kann ich doch genauso gut etwas anderes studieren, vielleicht auf Lehrer oder Arzt oder Apotheker.«

»Ja, schon, aber eine solche Ausbildung dauert zu lange und ist uns zu teuer.«

»Das versteh ich nicht. Wenn ich Pfarrer werden würde, käm euch das auch nicht billiger.«

»Das stimmt. Aber schau, Wälti, für den lieben Gott würden wir dieses Opfer bringen. Für einen weltlichen Beruf nicht.« Mit dieser Erklärung gab er sich zufrieden und blieb weiterhin, wie alle seine Geschwister, auf der Primarschule. Mit etwas Wehmut beobachtete er allerdings, dass einer seiner Mitschüler, der aus einer ebenso armen Familie stammte wie er, auf die höhere Schule wechseln durfte.

Ohne das kindliche Heilige-Messe-Spielen wäre er vermutlich gar nicht auf die Idee gekommen, dass es für ihn eine andere Möglichkeit als die Primarschule geben könnte.

Mit dem frommen Spiel war es allerdings vorbei, als auch die mittleren Buben aus dem unschuldigen Alter heraus waren. Trotzdem fiel ihnen neben so wilden Sachen wie Hexenreiten und Wilhelm Tell, die sich nur für draußen eigneten, auch fürs Haus allerlei Verrücktes ein. Und was man alles mit einem Schinken anfangen kann, das hätte ich mir nie träumen lassen.

In einem Bauernhaushalt pflegte man damals für gewöhnlich zeitig zu Bett zu gehen – zum einen weil das Tagewerk am nächsten Morgen wieder früh begann, zum anderen um Beleuchtung zu sparen und im Winter zusätzlich Brennholz. Als Erstes brachte ich immer die Jüngsten zu Bett, wobei mir unsere Heidi schon eine große Hilfe war. Eine Stunde später dann waren die Großen dran und wenig später auch wir Eltern. Solange wir auf Petroleumlampen angewiesen waren, hatte ich die Kinder aus Sicherheitsgründen nach oben begleitet. Seit wir elektrisches Licht im ganzen Haus hatten, konnte ich mir das ersparen – vor allem die älteren Buben waren ja wirklich verständig genug.

Doch eines Abends im Winter, nur wenige Minuten nachdem sie sich nach oben verzogen hatten, hörte ich vom Dachboden ein Poltern und gleich darauf das Trappeln von Füßen. In der Annahme, dass etwas passiert sei, rannte ich eiligst die Treppe hinauf – und kam gerade noch rechtzeitig, um einen unserer Schinken zu retten.

Der lag auf dem Bett der beiden Ältesten, und alle vier Buben standen erwartungsvoll davor. Ich sah gerade noch, wie der Friedel sein Taschenmesser aufklappte und anscheinend dem Schinken zu Leibe rücken wollte. »Halt!«, rief ich. Erschrocken fuhren alle herum. Die beiden Jüngeren sausten in ihr Bett und verkrochen sich unter der Decke. Die beiden Älteren wichen erschrocken zurück, und der Schinken blieb unversehrt auf ihrem Bett liegen. Aha, dachte ich. Die Versuchung war wohl doch zu groß, denn der Dachboden diente ja nicht nur als Schlafkammer – dort hatten wir im Winter auch unsere Schinken und Würste aufgehängt.

Mühsam ein Lachen unterdrückend, forschte ich in strengem Ton: »Was hat denn das zu bedeuten? Wollt ihr damit etwa andeuten, dass ihr beim Nachtessen nicht satt geworden seid?«

»Nein, Mama«, ertönte es vierstimmig im Chor.

»Warum wolltet ihr dann heimlich von dem Schinken essen?«

»Das wollten wir eigentlich gar nicht. Wir haben nur gespielt«, klang es kläglich unter einer der Decken hervor.

»Gespielt?«, fragte ich mit noch strengerer Miene. »Wisst ihr denn nicht, dass man mit Essen nicht spielt?«

»Doch, schon«, nickten alle schuldbewusst. »Aber normal wäre dem Schinken nichts passiert.«

Diese Formulierung machte mich stutzig. »Was soll denn das heißen?«

»Ja, weißt, Mama, jeden Abend, bevor wir das Licht ausmachen, gibt einer nach dem andern dem Schinken einen Schubs«, erklärte der Peter. »Dann zählen wir, wie oft er hin und her schwingt«, berichtete der Willi. »Und bei wem er am häufigsten schwingt, der ist der Sieger«, verkündete der Heini stolz.

Die Gesichter, die sie dabei machten, waren so drollig, dass ich mir nur mit Mühe ein Lachen verkneifen konnte. Schon fuhr der Friedel mit der Erklärung fort: »Ich war heute als Letzter dran. Weil ich unbedingt Sieger werden wollte, hab ich dem Schinken einen so festen Stoß versetzt, dass das blöde Ding heruntergefallen ist.«

Schadenfrohes Lachen bei seinen drei Brüdern und eine hämische Feststellung vom Willi folgten: »Jetzt bist eindeutig der Verlierer. Denn bei dir hat der Schinken gar nicht geschwungen.«

Ich hängte den geretteten Schinken wieder an seinen Platz und verließ den Bodenraum nicht ohne die Ermahnung: »Dass mir so etwas nicht noch einmal vorkommt! Schinken ist Essen, und mit Essen spielt man nicht. Außerdem sollt ihr nicht unnötig Strom verbrauchen. Der kostet schließlich auch Geld. In Zukunft verschwindet ihr also sofort in euren Betten und macht das Licht aus. Verstanden?«

Es folgte ein vierfaches Ja.

So ganz verließ ich mich aber nicht auf das Versprechen und machte in der folgenden Zeit immer wieder mal eine Schlafraumkontrolle.

Es passierte nichts Derartiges mehr, doch dafür gibt es andere Bettgeschichten zu berichten.

Direkt unterhalb einer Schlafkammer im ersten Stock gab es am Haus einen hölzernen Anbau mit einem schräg verlaufenden Dach. In der einen Hälfte davon befand sich das Scheißhüsli, in der anderen ein Abstellraum für unsere Gartengeräte. Einige Jahre diente besagte Kammer als Schlafraum für die Mädchen. Eines Nachts, es war im Frühsommer und unser Fenster stand offen, wachten wir auf durch ein polterndes Geräusch von draußen. Sofort sprang der Anton aus dem Bett und schaute hinaus. Im Licht des Vollmonds glaubte er unten im Garten ein Kissen mit einem Kind darauf zu erkennen. Ungläubig rieb er sich die Augen, bevor er hinabeilte. Dort fand er tatsächlich unsere Heidi vor. Sie saß auf ihrem

Deckbett und jammerte vor sich hin: »Die Schweine fressen meine ganzen Blumen ab.«

Er nahm die Neunjährige mitsamt Kissen auf den Arm und trug sie zurück in ihr Bett. Offenbar hatte sie von blumenfressenden Schweinen geträumt, im Schlaf dann ihr Deckbett aus dem Fenster geworfen und war hinterhergesprungen. Zum Glück landete sie auf dem schrägen Dach des Anbaus und glitt von da aus sanft in die Tiefe. Nicht einmal eine Schramme trug sie davon.

Einige Jahre später änderten wir die Schlafordnung. Jetzt zogen die drei ältesten Söhne in die Kammer oberhalb des Anbaus, die vier Mädchen wurden in einen größeren Raum umquartiert, während die vier jüngeren Buben den Dachboden bekamen. An einem schönen Sommertag erhielt der Peter, inzwischen fünfzehn Jahre alt, vom Vater den Auftrag, auf der Wetterseite die verwitterten Fensterrahmen zu streichen. In der folgenden Nacht muss er im Geiste noch immer mit Anstreichen beschäftigt gewesen sein, denn abermals vernahmen wir ein Poltern. Wie damals rannte der Anton zum Fenster, und wieder entdeckte er jemanden im Garten liegen, gut sichtbar im Schein des Vollmonds. Diesmal war es der Peter. Als der Vater ihn weckte, stammelte der Bub im Halbschlaf: »Ich muss doch die Fenster streichen.« Zum Glück hatte er sich bis auf ein paar Kratzer und Schrammen nichts getan.

# Kleine Kinder, kleine Sorgen …

Solange die Kinder klein waren, bestand meine größte Sorge darin, die vielen Schnäbel zu stopfen und die nassen Füttli, ihre Popos, in trockene Tücher zu bringen. Gewiss, es gab die eine oder andere Kinderkrankheit, die mich nachts an ihren Betten wachen ließ, doch vor ernsten Erkrankungen wie Diphtherie und Scharlach oder gar Kinderlähmung blieben sie Gott sei Dank verschont.

Hatte ich jedoch gedacht, dass mein Leben leichter würde, wenn das eine oder andere Kind in die Schule ging, so war das ein Irrtum. Jetzt musste ich mich zusätzlich um die Hausaufgaben kümmern, dafür sorgen, dass die Schulkleidung immer in Ordnung war, ich musste trösten und helfen – und Unmengen von Pausenbroten streichen.

Nachdem die Hanni und der Wälti 1944 eingeschult worden waren, hatte ich ein Jahr lang acht Schulkinder gleichzeitig. Später konnte ich mir gar nicht mehr vorstellen, wie ich das alles am Morgen geschafft habe – zwischen Stallarbeit und Frühstück acht Kinder zu wecken, ans Spülbecken in der Küche zu scheuchen und aufzupassen, dass sie sich ordentlich wuschen. Anschließend musste ich sie alle kämmen, das hieß bei den Mädchen Zöpfe flechten.

Am Samstagabend kam die Schulkleidung dran. Nachdem die Sachen der Kinder eine ganze Woche lang getragen worden waren, wurde alles gewaschen, in der Küche zum Trocknen aufgehängt und am Sonntag das eine oder andere Stück repariert. Hier fehlte ein Knopf, dort war eine Naht aufgeplatzt, bei einem anderen musste ich einen Flicken aufzusetzen. Und in der kalten Jahreszeit hatte ich zusätzlich eine Menge Strümpfe zu stopfen.

Zu Beginn der neuen Woche legte ich dann jedem Kind seine Kleidung aufs Ofenbänkli, alles streng der Reihe nach, vom Ältesten angefangen bis zum Jüngsten. Sonst hätte es Verwechslungen geben, wenn sich in der Frühe acht Kinder gleichzeitig in der Küche drängten. Alles lag immer exakt an derselben Stelle und in der richtigen Reihenfolge, sodass sich jedes auch im Finstern ohne Probleme hätte anziehen können. Besonders hell war es in der Ofenecke ohnehin nicht. Denn der Schein der einzigen Lampe, die über dem Tisch baumelte, reichte nicht sehr weit darüber hinaus.

Hatten die acht Großen das Haus verlassen, kamen die drei Kleinen an die Reihe. Wenn sie gewaschen, angezogen und gefüttert waren, setzte ich sie in eine Küchenecke und deckte sie mit einigen Gegenständen ein, mit denen sie spielen konnten. Da wir nicht viel richtiges Spielzeug besaßen, waren das Kochtöpfe, Löffel, Holzstücke oder Tannenzapfen. Mit viel Fantasie wussten sie sich damit jedoch so gut zu beschäftigen, dass ich meine notwendigsten Hausarbeiten erledigen konnte. Ehe ich mich versah, war es schon Zeit zum Kochen. Das Essen musste ja pünktlich auf dem Tisch stehen, wenn die Meute nach der Schule hungrig hereinstürmte. Allerdings mussten sie sich erst einmal umziehen. Nur wer Hauskleidung anhatte, durfte am Esstisch Platz nehmen.

Im Winter standen unter der Ofenbank die Schuhe in Reih und Glied, bei jedem Kind genau unter seinem Platz. Sobald es auf den Herbst zuging, mussten die Kinder nicht mehr barfuß gehen, aber bevor sie die guten Winterschuhe anzogen, gab es für die Übergangszeit dicke hölzerne Sohlen, die durch Lederriemen an den Füßen gehalten wurden. Die Sohlen kaufte man fertig, wohingegen der Vater das Leder von Schuhen, die unbrauchbar geworden waren, nahm, daraus Riemen zurechtschnitt und sie an die Sohlen nagelte.

Da unsere Kinder einen weiten Schulweg hatten, der im Winter durch tiefen Schnee führte, kamen sie immer mit schneeverkrusteten Schuhen in der Schule an, doch es war ohnehin üblich, im Klassenraum die Schuhe auszuziehen. Das machten alle Kinder, auch solche, die nur einen kurzen Schulweg hatten. Während die meisten Kinder »Finken« dabeihatten, wie man bei uns die Hausschuhe nannte, mussten meine Kinder sich mit ihren handgestrickten Wollstrümpfen begnügen. Vorher hatte es deswegen nie Probleme gegeben, doch als mein ältestes Zwillingspaar, die Elsi und der Heini, in der ersten Klasse waren, tadelte die Lehrerin, Schwester Agathe: »Also Kinder, so geht das nicht! Morgen kommt ihr gefälligst mit Finken.«

»Wir haben aber keine«, wagte der Heini zu sagen.

»Was? Ihr habt keine?«, staunte die Nonne ungläubig, »so was gibt's doch nicht. Das ist bestimmt bloß eine faule Ausrede, weil ihr vergessen habt, sie mitzubringen.«

Das erzählte weinend die Elsi, als sie nach Hause kam und um Finken bat. Doch wie ich auch rechnete, für Hausschuhe reichte mein Geld nicht. Also musste ich mir etwas anderes einfallen lassen, denn wegen einer solchen Sache sollten meine Kinder nicht mehr weinen müssen.

Ich suchte mir in der Scheune schöne lange Strohhalme und flocht sie zu Zöpfen, nähte sie dann so zusammen, dass dicke Sohlen entstanden. Aus einer abgetragenen Männerhose, die noch vom Opa stammte, schnitt ich Obermaterial zurecht und befestigte es vorne über den Strohsohlen, sodass man einfach hineinschlüpfen konnte. Meine Kleinen waren selig. In Zukunft wurden sie nicht mehr getadelt, und ihre Füße blieben zudem während der langen Unterrichtsstunden warm. Als ich feststellte, dass jetzt auch weniger Löcher in den Strümpfen waren, machte ich mich daran, nach und nach für alle meine Kinder Hausschuhe aus Stroh und Stoff zu basteln.

Ein anderes Mal gab es in der Schule Tränen, weil einige Mitschüler meine Kinder wegen ihrer geflickten Kleidung verspotteten. Da aber schritt die Schwester Agathe, die seinerzeit das Fehlen der Hausschuhe beanstandet hatte, energisch ein und belehrte die Schüler, dass Armut keine Schande sei und dass erst recht niemand etwas dafürkönne. Ja, im Gegenteil, es sei doch bewundernswert, wie sauber die Kleidung immer sei und wie sorgsam ausgebessert. Von da an fiel kein böses Wort mehr.

War es anfangs unsere größte Sorge gewesen, die Kinder ausreichend ernähren und sie mit dem Notwendigsten versorgen zu können, so wandelte sich das nach ihrer Schulentlassung. Jetzt ging es vor allem darum, sie irgendwo unterzubringen, damit sie sich ihr Brot selbst verdienten und in Zukunft nicht nur für sich selbst sorgen konnten, sondern eventuell auch noch für eine Familie.

Sie jedoch in eine Lehre zu geben oder gar auf eine weiterführende Schule zu schicken, dafür fehlten uns die Mittel – sowohl das Schulgeld als auch das damals noch zu entrichtende Lehrgeld. Uns blieb also nur die Möglichkeit, nach einer Anstellung zu suchen, wo die Kinder nach kurzer Anlernzeit bald richtig verdienten. In späteren Jahren haben wir es sehr bedauert, dass wir unseren Kindern keine richtige Ausbildung ermöglichten, denn sie konnten sich nie für eine qualifizierte Arbeit bewerben und verdienten entsprechend schlechter.

Als unser Ältester, der Friedel, 1945 aus der Schule entlassen wurde, hätten wir seine Arbeitskraft eigentlich auf dem eigenen Hof gut brauchen können, aber es war uns wichtig, dass er Geld verdiente. Außerdem, das hatten wir längst erkannt, lag ihm an der Landwirtschaft nicht viel. Er ging uns zwar noch eine Zeit lang zur Hand, doch dann konnte er im Oktober bei einem Zimmermann anfangen. Nach einigen Wochen Anlernzeit verdiente er bereits sein erstes Geld und lieferte es auf Franken und Rappen ohne jegliche Diskussion zu Hause ab.

Unser Zweitgeborener, der Wilhelm, zeigte seit jeher wesentlich mehr Interesse und Geschick für die Landwirtschaft. Als er im Jahr darauf die Schule beendete, war gerade der Pachtvertrag für unsere Alpweiden abgelaufen, und es war selbstverständlich, dass der Willi mit unseren Kühen auf die Alp zog. Die Lust und Liebe zu diesem Leben hatte er wohl vom Vater geerbt. Weil der Bub aber noch so jung und unerfahren war, stieg der Vater mit ihm hinauf, und erstaunlicherweise machte sein verletztes Bein ganz gut mit. Froh war er allerdings, dass er oben nicht viel herumlaufen musste. Auch nach dem Alpsommer blieb der Willi daheim auf dem Hof, denn mit seinen nunmehr einundfünfzig Jahren konnte der Anton eine ständige Hilfe gut brauchen, zumal er den Viehbestand nach und nach wieder vergrößerte.

Den Peter dagegen schickten wir gleich nach seiner Schulentlassung zu einem nahe gelegenen Bauunternehmen. Innerhalb einiger Wochen lernte er das Wichtigste, was er als Maurer können musste, und verdiente ebenfalls bald eigenes Geld. Als Nächstes verließ die Heidi die Schule. Sie ging mir zunächst eine Weile im Haushalt zur Hand, fand aber später eine schöne Stelle in einer Bandweberei, in der ausschließlich Bänder aus Seide und Baumwolle in verschiedenen Breiten und Farben gewebt wurden. Es war eine leichte, saubere Arbeit und dazu fast ein wenig künstlerisch, wie die Heidi fand.

Zwei Jahre später mussten wir für die ältesten Zwillinge einen Arbeitsplatz finden. Die Elsi brauchte nicht lange zu überlegen: Sie bewarb sich ebenfalls in der Bandweberei, weil ihre große Schwester immer so begeistert davon erzählt hatte, und wurde auch gleich genommen. Der Heini kam in einer Fabrik unter, in der Kleinteile aus Gummi hergestellt wurden, wie etwa Schuhsohlen.

Unsere dritte Tochter, die Hanni, hatte sich mittlerweile, obwohl sie noch zur Schule ging, zu einem richtigen Hausmütterchen entwickelt. Von all meinen Mädchen war sie das einzige, das sich gern in der Küche zu schaffen machte. Schon mit sieben Jahren drängte sie sich an den Herd und wollte das Kochen lernen, wobei sie sich so geschickt anstellte, dass ich sie gewähren ließ.

Einige Jahre später war ich froh, dass ich das Maidli so gut angelernt hatte, denn es kam immer öfter vor, dass ich erkrankte. Dann sprang die Hanni im Haushalt ein, denn sie verstand sich nicht nur aufs Kochen, sondern auch auf alle anderen erforderlichen Tätigkeiten. Und sie war eine liebevolle Krankenpflegerin. Leider musste sie dazu auch mal den einen oder anderen Tag in der Schule fehlen.

Bis zu meinem achtundvierzigsten Lebensjahr war ich immer gesund gewesen und habe einen Doktor nur zu sehen bekommen, wenn er ans Krankenbett meiner Kinder gerufen wurde. Deshalb fand ich es rätselhaft, wieso plötzlich bei mir ein Leiden nach dem anderen auftrat – mal eine üble Halsentzündung oder schlimme Rückenschmerzen, mal Magenprobleme. Als ich unserem Hausarzt, der wegen einer schmerzhaften Blasenentzündung an mein Bett gerufen wurde, mein Leid klagte, antwortete er: »Darüber brauchen Sie sich nicht zu wundern, Frau Eberle-Gisler. Die dicht aufeinanderfolgenden Geburten, die viele Arbeit, die Sorgen und Nöte, das alles hat an Ihrer Gesundheit gezehrt. Jetzt hat Ihr Körper nur noch wenig Widerstandskraft, und jeder Krankheitskeim, den Sie aufschnappen, haut sie gleich um. Sie müssten mal raus hier. Sie müssten mal zur Erholung. Sie müssten mal in Kur.«

Darüber konnte ich trotz meiner Schmerzen nur lächeln: »Das ist gut gemeint, Herr Doktor. Aber Sie wissen doch selbst, das ist unmöglich. Abgesehen davon, dass wir kein Geld für so etwas hätten – Sie wissen doch, was vor ein paar Jahren mit unseren Kühen passiert ist –, kann ich meine Familie nicht für Wochen im Stich lassen.«

»Ja, Frau Eberle-Gisler, das sehe ich ein, für ein paar Wochen, das geht nicht. Aber wenn Sie weiterhin so Raubbau an Ihrer Gesundheit treiben, werden Sie die Familie bald für immer im Stich lassen müssen.«

Das waren harte Worte, die mir zu denken gaben. Vielleicht hatte der Arzt ja recht. Vielleicht war es an der Zeit, dass ich für Entlastung sorgte. Und das war der Grund, warum wir beschlossen, die Hanni nach ihrem Schulabschluss zu Hause zu behalten. Also mussten wir in diesem Jahr nur einen Arbeitsplatz für ihren Zwillingsbruder, den Wälti, suchen.

Bisher waren alle meine Kinder zu meiner Freude ganz in der Nähe untergekommen, aber jetzt wollte sich in der näheren Umgebung absolut nichts finden lassen, obwohl wir die Fühler in alle Richtungen ausstreckten. Wir fragten bei allen Fabriken und bei allen Handwerkern. Wir schalteten den Pfarrer ein und den Doktor. Alles vergeblich. Deshalb schickten wir den Walter zunächst einmal mit dem Willi den Sommer über auf die Alp, doch im Winter hatte er nach wie vor nichts in Aussicht. Und so ging er überallhin, wo man für einige Tage jemanden brauchte.

Das war mal bei einem Bauern, mal bei einem Handwerker und mal bei einem Onkel. Zwar verdiente er am Tag nur zwei bis drei Franken, die er am Abend treu und brav ablieferte, aber das war schließlich auch Geld.

Nebenher hielten wir weiterhin Ausschau nach einem festen Arbeitsplatz für den Buben und dehnten unsere Suche in immer weiterem Umkreis aus. In dieser Zeit bedauerte ich es mehr als einmal, ihn nicht aufs Gymnasium geschickt zu haben, denn dann hätte er bestimmt gute Berufschancen gehabt. Um wenigstens ein bisschen von dem, was wir versäumt hatten, nachzuholen und um ihn besser zu qualifizieren, ließen wir ihn im zweiten und dritten Winter einige Fortbildungskurse besuchen.

Endlich, als er bereits neunzehn war, fand sich etwas, und zwar bei der Bundesbahn. Dazu musste er jedoch nach Göschingen, über dreißig Kilometer von unserem Ort entfernt. Der Abschied fiel uns allen schwer, zumal er der Erste war, der aus dem Haus ging, und dazu so weit weg. Anfangs war ich in großer Sorge um ihn. Wie würde ein so junger Mensch in der Fremde zurechtkommen? Wo würde er wohnen? Wie würde er es mit seinen Mahlzeiten halten? Würde die Arbeit für ihn nicht zu schwer sein? Würde er nicht vor Heimweh sterben? Würde er vielleicht in schlechte Gesellschaft geraten? Man las ja in der Zeitung von so vielen schrecklichen Dingen, die passierten. Nun konnte es einen meiner Buben treffen, denn ich vermochte nicht mehr schützend meine Hand über ihn zu halten. Das Einzige, was mir blieb, war, für ihn zu beten.

Wie glücklich war ich, als er nach einer Woche zum ersten Mal wieder nach Hause kam. Alle hingen an seinen Lippen, als er von der großen, weiten Welt berichtete. Von Heimweh keine Spur. Er hatte ein Zimmer gefunden bei einer älteren Witwe, die auf die Miete angewiesen war. Zu meiner Erleichterung kochte sie sogar für ihn, was jedoch einen großen Teil seines Lohnes verschlang. Dafür musste er für seine Heimfahrten als Bahnarbeiter nichts ausgeben. Und weil ihm seine Arbeit dort sehr gut gefiel, machte ich mir von Woche zu Woche weniger Sorgen um meinen Wälti.

Eines Tages aber, er war bereits zwei Jahre von zu Hause weg, schwebte ich doch für einige Stunden in großer Angst um ihn. Das war im Dezember 1959, der mit großer Kälte daherkam, nachdem es zuvor ein bisschen geschneit hatte. Wir saßen alle beim Nachtessen, als die Haustürglocke anschlug. Einer der Buben sprang auf, um nachzuschauen, wer so spät noch Einlass begehrte, und erwartungsvoll starrten wir auf die Tür, doch der Bub kam allein zurück. »Es ist niemand da«, berichtete er. Wir beugten uns wieder alle über unsere Teller, da läutete es abermals. Diesmal ging ein anderer nachschauen. Er kam schulterzuckend zurück: »Niemand da. Ich hab genau nach rechts und nach links geschaut.«

»Da treibt wahrscheinlich jemand mit uns Schabernack«, vermutete der Friedel. »Dem werd ich das Handwerk legen.«

Schon stand er auf und stellte sich sprungbereit hin. Es läutete tatsächlich ein drittes Mal. Mit Schwung riss der Friedel die Haustür auf, doch wieder war niemand zu erblicken. Schnell schaltete er das Hoflicht ein und schaute aufmerksam nach beiden Seiten.

»Sonderbar«, murmelte er, als er wieder die Küche betrat. »Ich war mir sicher, dass jemand ums Haus schleicht. Aber es sind keine Fußspuren im Schnee.«

Nun wurde es mir doch ganz anders. Ich wusste, dass unser Walter am Gotthardtunnel arbeitete und dass er dort eine sehr gefährliche Tätigkeit ausübte. »Bestimmt ist dem Wälti was passiert«, dachte ich auf einmal laut, »und auf diese Weise meldet er sich.«

Keines der Kinder widersprach, auch mein Mann nicht. Es läutete noch zwei- oder dreimal, dann zogen wir uns ziemlich schweigsam in unsere Betten zurück. Es wurde eine sehr unruhige Nacht für mich. Am anderen Morgen ließ es mir keine Ruhe, ich musste erfahren, was mit meinem Sohn in der Ferne los war. Für alle Fälle hatte uns der Walter die Rufnummer einer Bekannten seiner Hauswirtin gegeben, die selbst noch kein Telefon besaß. Diese Frau rief ich nun an: »Ich mach mir große Sorgen um meinen Sohn. Würden Sie bitte so gut sein und mal bei seiner Hauswirtin nachschauen, wie's ihm geht.«

»Aber gern. Heut Abend werd ich nachschauen und mich dann bei Ihnen melden.«

Es wurde ein langer, banger Tag für mich. Immer wieder wanderten meine Gedanken in Richtung Gotthardtunnel, immer wieder schickte ich Gebete zum Himmel.

Am Abend kam endlich die erlösende Nachricht: »Ihrem Sohn geht's gut. Er war sehr verwundert über die Anfrage und lässt schön grüßen.«

Ich kann gar nicht beschreiben, welch große Erleichterung ich nach dieser Auskunft empfand. Die ganze Familie atmete mit mir auf. Allerdings blieb die Frage im Raum stehen, was es mit dem mysteriösen Läuten der Türglocke auf sich hatte. Diesem Geheimnis versuchten meine ältesten Söhne auf die Spur zu kommen, indem sie die Klingel, die noch nicht lange installiert war, sorgfältig untersuchten. Sie kamen zu folgendem Ergebnis: Da es im Haus relativ warm und außen sehr kalt war, bildete sich wohl Reif auf der Klingel und der Leitung, die damals noch nicht unter dem Putz lag, und es stellte sich ohne Drücken des Knopfes ein Kontakt her, der das Läuten auslöste. Es war also absolut nichts Mysteriöses, nur eine leicht erklärbare physikalische Reaktion. So konnten wir dem Walter bei seinem Besuch am Wochenende lachend darüber berichten.

## Eine neue Heimsuchung

Nachdem wir uns mühsam von der Tuberkulose im Kuhstall erholt hatten, glaubten wir, das Schlimmste überstanden zu haben, und nach und nach gelang es uns, den Viehbestand wieder aufzustocken. Man konnte aufs Neue planen und wirtschaften, zumal die einengenden Vorschriften der Kriegszeit endlich abgeschafft waren. Kaum hatten die Glocken jedoch das Jahr 1950 eingeläutet, brach die nächste Katastrophe herein – über unsere Familie, aber auch über viele andere. Es wurde ein schlimmes Jahr für das ganze Dorf wie für alle umliegenden Orte.

An unserem Hof mussten die Arbeiter einer Munitionsfabrik auf ihrem Hin- und Rückweg vorbei. Weil dort Schicht gearbeitet wurde, gingen sie auch kurz nach Mitternacht vorbei, wobei sie ungeniert laut redeten und lachten und mit ihren genagelten Stiefeln auf das Pflaster trommelten. Diese Geräusche beunruhigten unsere Kühe, was wiederum meinen Mann beunruhigte. Deshalb stand er jede Nacht auf und ging in den Stall, um nachzuschauen, ob alles in Ordnung war oder ein Tiere sich etwa losgerissen hatte. Eines Nachts dann kehrte er von seinem Kontrollgang völlig verstört in die Schlafkammer zurück.

»Was ist los?«, war meine bange Frage. Mit Tränen in den Augen antwortete er: »Ich glaub, wir haben die Maul- und Klauenseuche im Stall.«

»O mein Gott!«, rief ich aus. »Das kann doch nicht wahr sein. Wie kommst denn darauf?«

»Die Flori tritt immer von einem Bein aufs andere.«

»Das hat doch nichts zu bedeuten«, versuchte ich gegen besseres Wissen die schreckliche Wahrheit zu leugnen. »Wahrscheinlich ist sie nur nervös, weil die Arbeiter heut besonders laut waren. Ich hab sie ja bis hier oben gehört.«

»Zuerst dachte ich das auch. Zur Sicherheit hab ich sie mir aber genauer angeschaut. Sie hat Schaum vorm Maul.«

Schlagartig wusste ich, was das zu bedeuten hatte. Verzweifelt schlug ich die Hände vors Gesicht und weinte bitterlich. Unsere so mühsam wiederaufgebaute Existenz drohte erneut zusammenzubrechen, denn uns war klar, dass es nicht bei der einen Kuh bleiben würde. Sobald eine infiziert war, würde es nur wenige Stunden dauern, bis bei dem Rest die ersten Symptome auftraten. Und selbst wenn die Krankheit bei den anderen nicht zum Ausbruch kommen sollte, musste der ganze Bestand zur Sicherheit geschlachtet werden. Diese wunderbaren Tiere, auf die der Anton mit Recht so stolz war – die ganze Herde, deren Aufbau uns so viel Mühe und Entbehrung und Schweiß gekostet hatte, sie war mit einem Schlag wertlos. Dabei hätte man mit jeder einzelnen dieser prachtvollen Kühe zu Ausstellungen gehen können. Einen solchen Superbestand hatte der Anton noch nie zuvor gehabt. Hinzu kam, dass innerhalb der nächsten vier Wochen vier Kühe hätten kalben sollen.

Das Schreckliche an dieser Seuche ist, dass sie einen ungemein rapiden Verlauf nimmt. Am Morgen nach der Entdeckung war die betroffene Kuh bereits lahm und verweigerte das Fressen. Und noch bevor sie abtransportiert werden konnte, war sie so schwach, dass sie sich nicht mehr auf den Beinen halten konnte. Inzwischen hatte die Krankheit, wie an ersten Symptomen zu erkennen, schon auf weitere Kühe übergegriffen. Zwar habe ich das nicht selbst gesehen, aber der Anton berichtete mir von der Stalltür aus davon. Ich selbst durfte den Stall nicht mehr betreten, weil ich sonst die Erreger auch ins Wohnhaus geschleppt hätte. Es war schon schlimm genug, dass mein Mann gezwungen war, im Stall zu bleiben. Seine Mahlzeiten stellte ich ihm vor die Stalltür, und er holte sie erst herein, wenn ich wieder weg war. Am Abend bereitete er sich in einer Ecke ein Lager aus Stroh, denn er musste auch die Nächte dort verbringen.

Bei Tagesanbruch war mir die traurige Aufgabe zugefallen, unserem zuständigen Tierarzt Mitteilung vom Ausbruch der Seuche zu machen. »Bei euch also auch«, war sein mitleidsvoller Kommentar. »Ich komm, sobald ich kann. Aber eines vorweg: Die Kinder dürfen auf keinen Fall in die Schule gehen.« Als ich diese Neuigkeit meinen fünf Schulkindern verkündete, brachen sie zunächst in Jubel aus. Doch als sich das Schulbesuchsverbot über einige Wochen hinzog, fanden sie es gar nicht mehr so lustig.

Am zweiten Tag nach Ausbruch der Seuche erzählte mir der Anton von der Stalltür aus: »Es ist ein Jammer, mitansehen zu müssen, wie meine wunderbaren Kühe vom Fieber geschüttelt werden, wie sie schließlich in die Knie gehen, wie die Blasen an Mund und Klauen anschwellen. Die Schecki, mit der ich in den nächsten Monaten bestimmt einen Preis geholt hätte, hat's besonders schlimm erwischt. Die Blattern sind nicht nur außen am Maul zu sehen, sie bedecken auch die ganze Mundhöhle. Und jetzt hat sich die oberste Schicht der Zunge komplett abgeschält, da ist nichts mehr als ein unförmiger, blutiger Klumpen Fleisch.«

Bei dieser Schilderung stiegen mir die Tränen in die Augen. Um wie viel mehr musste mein Mann leiden, der das ganze Elend mit eigenen Augen anschauen musste, denn mit dem Abtransport der erkrankten Tiere ging es nicht so zügig, wie man das erwartet oder gewünscht hätte. Wir waren ja nicht die Einzigen, die dieses Unglück getroffen hatte. Kurz bevor wir die ersten Symptome bei unseren Kühen entdeckten, hatten bereits andere Bauern beim Veterinär Meldung gemacht. Und in immer neuen Beständen flammte die Seuche auf. Wie ein Feuer sprang sie von Stall zu Stall.

Die Veterinäre waren im Dauereinsatz und arbeiteten bis zum Umfallen. Vom Schlachthof Zürich kamen Spezialwagen, so genannte Caissons, mit denen die erkrankten Tiere abtransportiert wurden – und am Ende ebenso jene, die noch gesund schienen. Es war ja nur eine Frage von Stunden, bis die Krankheit bei ihnen ebenfalls zum Ausbruch kam. Vierzehn Transporte gab es jeden Tag, mindestens acht Tiere pro Waggon. Mehr schafften die Behörden einfach nicht. Immer wenn sie meinten, das letzte kranke Tier sei abtransportiert, kam von irgendwoher eine neue Schreckensmeldung. Über tausend Stück Vieh aus über siebzig Beständen war schließlich die trostlose Bilanz des Unglücks.

Schon während der Transporte, vor allem aber nach deren Beendigung, gab es Spekulationen darüber, wie die Krankheit in unsere Ställe hatte gelangen können. Zuerst war das Unglück im Reußtal ausgebrochen, und die Ställe in den Dörfern Altdorf, Seedorf, Flüelen, Bürglen, Schattdorf, Erstfeld und Silenen, die an der Bahnlinie liegen, hatte es fast gleichzeitig erwischt.

»Die Seuche muss durch Viehtransporte aus dem Ausland eingeschleppt worden sein, die in großem Umfang über unser Schienennetz nach Süden rollen«, mutmaßten die Veterinäre. Als die Seuche nach einiger Zeit aber auch auf das weit von der Bahnlinie entfernte Seelisberg übersprang, vermutete man, dass die Krankheitskeime durch ausländisches Kraftfutter eingeschleppt worden seien, das auch bei uns verwendet wurde, weil angesichts der immer intensiver betriebenen Viehwirtschaft die einheimischen Futtermittel längst nicht mehr ausreichten. Alle Spekulationen halfen uns nicht weiter. Vor allem galt es jetzt zunächst, die Seuche mit allen Mitteln einzudämmen. Deshalb wurden von den Veterinärämtern Krisenstäbe gebildet, zu denen die Tierärzte der ganzen Region sowie Vertreter der Kantonsregierung gehörten und deren Aufgabe es war, zu kontrollieren, dass alle Ställe nach dem Abtransport der Rinder sorgfältig gereinigt und desinfiziert wurden.

Um eine Weiterverbreitung der Seuche zu verhindern, wurden den Menschen in den befallenen Orten Einschränkungen auferlegt. Niemand durfte sich von einem Dorf in ein anderes bewegen, außer mit einem Passierschein, und an jedem Ortseingang stand rund um die Uhr ein Posten, daneben ein flacher Metallbehälter mit einer Natronlauge, in den jeder Passant treten musste, um seine Schuhe zu desinfizieren. Diese Maßnahmen wurden noch über einige Wochen beibehalten, nachdem das letzte Tier weggebracht worden war. Man wollte eben sichergehen, dass die Ansteckungsgefahr vorbei war. Seit es Impfungen gab, nahm diese Viehseuche zum Glück meist nicht mehr solche Ausmaße an.

Das Wort Quarantäne kannte ich damals noch nicht. Aber es muss so etwas Ähnliches gewesen sein, das damals über uns verhängt wurde, denn einen Monat durften wir praktisch nirgendwohin, nicht einmal zur Kirche. Als der Gottesdienstbesuch endlich wieder erlaubt war, machten alle Leute, die nichts mit Viehhaltung zu tun hatten – es gab viele Fabrikarbeiter im Dorf, Angestellte und Handwerker –, in der Kirche einen Bogen um uns und mieden von vornherein die Bänke, in denen Bauern saßen. Wochenlang ging das so. Wir fühlten uns wie Aussätzige. Es war sehr traurig für uns, neben dem finanziellen Verlust auch noch menschliche Ablehnung verkraften zu müssen.

Unsere Kinder traf es am härtesten. Dass sie über einen Monat nicht hatten zur Schule gehen dürfen, das schmerzte sie nicht zu sehr. Als sie dann aber die schmerzliche Erfahrung machen mussten, dass selbst ihre besten Freunde in der Bank von ihnen abrückten und niemand mehr auf dem Pausenhof mit ihnen spielen wollte, das konnten sie einfach nicht begreifen.

# Rudis Unfall

Es war im August 1952. Unsere Jüngsten, der Rudolf und die Ursula, die inzwischen die vierte Klasse besuchten, und der Anton, ein Sechstklässler, hatten Sommerferien. Auch Hanni und Wälti, die einige Monate zuvor aus der Schule entlassen worden waren, hielten sich zu Hause auf. Da es ein heißer Tag war, so recht dazu angetan, das zweite Heu zu machen, war der Vater mit dem Willi auf eine hausnahe Wiese zum Mähen gegangen, während der Heini den Dienst auf der Alp versah. Ich selbst nahm gerade einen Arzttermin in Altdorf wahr, während sich die Hanni wie immer in meiner Abwesenheit um alle hausfraulichen Pflichten kümmerte.

Da ich schon mal den weiten Weg gemacht hatte, nutzte ich die Gelegenheit, anschließend noch in aller Seelenruhe ein paar Dinge einzukaufen, die es bei uns im Dorf nicht gab. Auf dem Heimweg aber war es mit meiner Seelenruhe bald vorbei, denn mit Blaulicht und Tatütata kam mir ein Krankenwagen entgegen. An sich nichts Aufregendes, aber einen Moment lang glaubte ich, meinen Sohn Walter hinter der Scheibe erkannt zu haben.

Ach was, das bildest du dir nur ein, tadelte ich mich. Was sollte der Wälti in einem Krankenwagen? Noch dazu vorn neben dem Fahrer. Dennoch begann mein Herz zu rasen, und ich beschleunigte meine Schritte dermaßen, dass ich bald außer Atem geriet. Schnaufend blieb ich stehen. Du bist ja verrückt, schalt ich mich. Wegen einer Einbildung bringst du dich noch in Gefahr. Der Arzt hat dir ausdrücklich gesagt, du sollst dein Herz schonen. Langsam ging ich weiter. Bald aber ertappte ich mich dabei, dass ich unwillkürlich wieder schneller wurde. Das Gesicht hinter der Scheibe wollte mir nicht aus dem Sinn. Wenn es doch der Wälti war? Was konnte das bedeuten? Vom schnellen Gehen langte ich total erschöpft zu Hause an und ließ mich auf einen Küchenstuhl fallen. Noch hegte ich die Hoffnung, dass ich mich völlig umsonst aufgeregt hatte, doch es kam anders, und bald erfuhr ich die ganze entsetzliche Geschichte.

Die Hanni hatte ihre Geschwister zu verschiedenen Arbeiten eingeteilt: Der Wälti sollte den Stall ausmisten und der Toni und der Rudi in der Scheune Stroh häckseln. Anfangs lief das wohl ganz gut. Einer stopfte das Stroh oben in den Häcksler hinein, und der andere drehte die Handkurbel. Entweder hat der eine zu schnell nachgestopft oder der andere die Kurbel zu langsam gedreht – jedenfalls blockierte die Maschine auf einmal. Ohne Nachdenken langte der Rudi mit der rechten Hand von oben in den Häcksler, um das Zahnrad anzuschieben, doch in dem Moment bewegte es sich von selbst wieder und zog die drei mittleren Finger mit hinein. Ein Schrei gellte durch die Scheune, den der Wälti bis in den Kuhstall hörte. Er ließ alles liegen und stehen und rannte in Richtung Scheune, um nachzuschauen, was passiert war. An der Verbindungstür stieß er mit dem Toni zusammen, der gerade den großen Bruder zu Hilfe rufen wollte.

Der Vierzehnjährige reagierte überlegt und vollkommen richtig. Er drehte die Kurbel rückwärts, damit die eingeklemmte Hand wieder freikam. Der Toni rannte unterdessen hinaus auf die Wiese und schrie, so laut er konnte, nach dem Vater, der auch sogleich herbeieilte, sich die Geschichte anhörte und seinen aufgeregten Sohn gleich zur nächsten Telefonzelle schickte, um den Krankenwagen zu rufen. Er selbst lief zu seinem verunglückten Jüngsten, der leichenblass neben der Häckselmaschine auf der Erde saß. Da der Anton sich keinen anderen Rat wusste, rannte er in die Speisekammer, holte dort den Krug mit kalter Milch und steckte die zerquetschte Hand vom Rudi hinein.

Der Krankenwagen war erstaunlich schnell zur Stelle, und der verletzte Bub, der unter Schock stand, wurde liegend ins Kantonsspital nach Altdorf transportiert. Mein Mann, der das gute Heuwetter nutzen wollte und musste – man wusste ja nie, was der nächste Tag bringen würde –, schickte den Walter als Begleitung mit.

So war der Stand der Dinge, als ich zu Hause eintraf. Bange Stunden folgten, die ich arbeitend und betend verbrachte, bis der Wälti endlich nach Hause kam.

Der Doktor im Krankenhaus, der in seinem Berufsleben bestimmt schon so manches gesehen hatte, sei ganz erschüttert gewesen beim Anblick der zerquetschten Hand. »Ja, Buben, was habt ihr denn da gemacht?«, habe er gefragt und sich die Sache erklären lassen, bevor der Rudi in den Operationsraum geschoben wurde. Dem Wälti kam es wie eine Ewigkeit vor, die er dort wartend saß. Endlich sei der Rudi – noch immer leichenblass und mit geschlossenen Augen – wieder herausgefahren worden. Seine rechte Hand habe dick verbunden über der Brust gelegen.

Es war eine böse Geschichte, denn die drei Finger hatten amputiert werden müssen. Sie waren dermaßen zerquetscht, dass sie nicht mehr zu retten waren.

»O mein Gott«, hatte der Walter geklagt, als der Arzt ihm Bericht erstattete. »Wie soll er denn nun schreiben?«

»Das ist das geringste Problem«, hatte der Mediziner geantwortet. »Das kann man ganz gut mit links lernen. Was mir Sorge macht, ist seine psychische Verfassung. Wie wird er es verkraften, wenn er sich seiner Verstümmelung bewusst wird? Ihr müsst in der nächsten Zeit ganz lieb zu ihm sein und ihn seelisch aufbauen«, gab er dem Wälti mit auf den Weg. Das wollten wir alle beherzigen, nahmen wir uns ganz fest vor.

Fünfzehn Tage musste der Rudi im Spital bleiben. Dann waren die Wunden so weit abgeheilt, dass keine Entzündungsgefahr mehr bestand und er nur noch zum Verbinden einige Male zum Arzt musste. Der Klinikaufenthalt und die anschließenden Arztbesuche rissen ein großes Loch in unsere Haushaltskasse, denn wie die meisten Bauern waren wir nicht krankenversichert. Aber Hauptsache, der Bub wurde wieder gesund.

Noch während er einen Verband trug, ermunterte ich den Rudi, das Schreiben mit der linken Hand zu probieren, wie es der Doktor empfohlen hatte.

Dann würde er sich leichter tun, wenn die Schule wieder begann.

Aber leider sträubte sich der Bub. Nach seinem ersten Versuch, der für seine Begriffe sehr kläglich ausfiel, war er so enttäuscht, dass er keinen Stift mehr in die linke Hand nahm. Als die rechte Hand so weit verheilt war, dass der Verband abkam, konnte er zunächst auch die beiden verbliebenen Finger nicht gebrauchen – sie waren durch die Verbände ganz steif geworden, und der Rudi musste nun täglich Übungen machen, damit sie wieder beweglich wurden. Er trainierte mit eisernem Willen und hatte es bald geschafft, dass er probieren konnte, mit dem Daumen und dem kleinen Finger einen Stift zu halten. Verbissen übte er, bis es ihm gelang, die ersten Wörter einigermaßen lesbar zu schreiben.

Sein Lehrer, dem es anfangs ebenfalls lieber gewesen wäre, wenn der Rudi mit der linken Hand geschrieben hätte, war mit seinem Erfolg schließlich ganz zufrieden. Auch andere Arbeiten erledigte er bald problemlos mit der verstümmelten Hand, weil er eine ungeheure Kraft in den beiden verbliebenen Fingern entwickelte. Wenn er mit seinen Brüdern auf dem Feld arbeitete, leistete er das Gleiche wie sie. Dennoch machten wir uns Sorgen um seine Zukunft. Wie sollte er mit dieser Behinderung durchs Leben kommen? Wir würden ja schließlich nicht ewig für ihn da sein. Jetzt war er noch ein Kind, wohlbehütet im Elternhaus, aber in wenigen Jahren würde er aus der Schule ins Leben entlassen. Wie sollte er mit dieser Hand je einen Beruf ausüben können? Handwerker schied von vornherein aus, denn dafür brauchte man zwei gesunde Hände. Auch im Büro würde er eine voll funktionsfähige rechte Hand benötigen. Für den Hausgebrauch reichte es zwar, was er mit seinen zwei Fingern zu Papier brachte, nicht aber für die viele Schreibarbeit, wie sie in einem Büro anfiel. Hätte er doch seine linke Hand im Schreiben trainiert, dachten wir oft.

Es war also unerlässlich, die Weichen für ihn rechtzeitig zu stellen. Wir überlegten, ob es sinnvoll sei, ihn auf eine höhere Schule zu schicken. Dann könnte er anschließend studieren und einen Beruf ergreifen, in dem mehr der Kopf gefordert war und weniger die Hände. Wir berieten uns mit Rudis Lehrer, was er davon hielt, wenn wir den Buben aufs Gymnasium schicken würden. Dagegen sei nichts einzuwenden, meinte dieser, die Intelligenz dazu habe er. Es sei allerdings fraglich, ob er das nötige Durchhaltevermögen mitbringe. Trotz der Bedenken seines Lehrers entschlossen wir uns, das finanzielle Opfer auf uns zu nehmen und den Rudi aufs Kollegium Karl Borromäus zu schicken, wohin unser Wälti so gerne gegangen wäre. Der Große akzeptierte unsere Entscheidung aber neidlos, weil er einsah, dass sein Bruder wegen seiner Behinderung diese Chance bekommen musste.

Da die Schule nicht allzu weit entfernt war, konnte der Rudi weiterhin daheim wohnen und den täglichen Schulweg mit dem Velo zurücklegen. Wir hatten zudem ein Riesenglück, denn uns wurde – was uns vorher nicht bekannt war – das Schulgeld aufgrund unseres Kinderreichtums und wegen der Behinderung des Sohnes erlassen. Leider sollte sein

Lehrer recht behalten, denn nach einem Jahr schon beendete der Rudi seine Gymnasiumslaufbahn. Nicht weil er zu dumm gewesen wäre – es mangelte unserem Sohn ganz einfach an dem notwendigen Interesse und an Fleiß. Also kehrte er zurück auf die Primarschule, wo er wieder treu und brav mit seiner Zwillingsschwester die Schulbank drückte. Unsere Sorgen um seine Zukunft aber blieben.

Der Toni, eines unserer wenigen »Einzelkinder«, verließ 1954 die Schule, die er ein Jahr länger als seine älteren Geschwister besucht hatte, weil inzwischen die achtjährige Schulpflicht eingeführt worden war. Da wir auch für ihn nicht gleich eine Arbeitsstelle fanden, blieb er notgedrungen zunächst zu Hause und ging den Sommer über auf die Alp.

Nach einem Jahr ergab sich dann eine andere Möglichkeit. Nicht weit von unserem Dorf entfernt eröffnete der Kanton eine Abfalldeponie, und man suchte jemanden, der dort für Ordnung sorgte und darauf achtete, dass nicht jeder seinen Müll hinkippte, wo es ihm Spaß machte. Der Toni bewarb sich, wurde gleich genommen, und nach kurzer Einweisung ging es mit dem Verdienen los. Allerdings war es anfangs keine Vollzeitstelle, was jedoch den Vorteil hatte, dass er seinem Vater und dem Willi nebenher in der Landwirtschaft helfen konnte.

Zwei Jahre nach dem Toni verließen unsere jüngsten Zwillinge die Schule, und damit war dieses Kapitel für uns endgültig abgehakt. Die Ursula kam, wie ihre Schwestern, nach einigen Monaten in der Bandweberei unter, doch für den Rudi sah es wie befürchtet schlecht aus. Überall bedauerte man, ihn nicht nehmen zu können. Überall bekamen wir zu hören, für diese Arbeit benötige man zwei gesunde Hände.

Unser Sohn aber gab nicht auf. Wo immer er eine Chance witterte, ging er hin und bewarb sich. Genau in dem Moment, als wir schon aufgegeben hatten, traf er einen verständnisvollen und mitleidigen Firmenchef, der einen Lagerarbeiter brauchte. Zunächst wiegte auch er seinen Kopf bedenklich hin und her, als er die verstümmelte Hand sah. Weil der Rudi aber gar so eindringlich um Arbeit bat und ihm versicherte, er könne mit dieser Hand alle erforderlichen Arbeiten leisten, gab sich der Mann einen Ruck und sagte: »Na gut, du sollst deine Chance bekommen. Ich versuche es sechs Wochen mit dir.«

Diese Probezeit lief dann zur größten Zufriedenheit des Firmeninhabers ab, sodass er den Rudi weiterhin behielt. Fürs Erste konnten wir also aufatmen. Endlich verdiente er ein bisschen Geld und hatte eine Perspektive für sein Leben – bis er nach sechs Monaten entlassen wurde, weil die Aufträge zurückgingen und weniger Personal gebraucht wurde. Da waren die neuen Mitarbeiter natürlich die Leidtragenden.

Also half der Bub erst mal wieder zu Hause bei der Arbeit auf dem Hof und den Feldern, wo er bald die Sense so sicher führte wie seine Brüder mit zwei gesunden Händen. Aber das konnte kein Dauerzustand sein. Eines Abends entdeckte der Vater, der die Tageszeitung immer aufmerksam studierte, ein Inserat, mit dem die Schifffahrtsgesellschaft vom Vierwaldstädter See einen Brückenwart suchte. Es handele sich um keine schwere körperliche Arbeit, wurde da angekündigt, wohl aber um eine sehr verantwortungsvolle. »Das wäre doch was für dich«, sagte der Vater zum Rudi und las ihm die Anzeige vor. In der Tat, das hörte sich gut an.

»Melde dich«, ermunterte der Anton unser Sorgenkind. Sofort nahm der Rudi Papier und Füller zur Hand und setzte ein Bewerbungsschreiben auf. Schon wenige Tage später erhielt er eine Einladung zu einem Vorstellungsgespräch in einem Restaurant in Altdorf.

Da der Bub noch minderjährig war, ging der Anton als gesetzlicher Vertreter mit. Vater und Sohn wurden von zwei Herren freundlich empfangen. Die beiden Männer von der Schifffahrtsgesellschaft schauten sich als Erstes die verkrüppelte Hand an und meinten, dass dies kein Hindernis darstelle, wenn sonst alles stimme. Dann stellten sie einige Fragen, die der Rudi wohl zu ihrer Zufriedenheit beantwortet haben muss, denn kurz darauf erklärte einer der beiden: »Wir nehmen dich. Bevor du aber die Stelle antrittst, musst du einige Kurse mitmachen.« Vater und Sohn erklärten sich einverstanden und unterschrieben den Arbeitsvertrag. Wie war ich glücklich, als sie diese gute Nachricht nach Hause brachten!

Nachdem der Rudi die erforderlichen Kurse absolviert hatte, wurde er zunächst als Brückenwart auf einem kleinen Fahrgastschiff eingesetzt, konnte aber bald, weil er seine Arbeit sehr ordentlich und sehr zuverlässig erledigte, auf ein größeres Schiff wechseln, wo er gleichzeitig ein besseres Gehalt erhielt. Wie stolz waren der Anton und ich, als wir vom Rudi zu einer kostenlosen Ausflugsfahrt auf dem Vierwaldstädtersee eingeladen wurden. Nun konnte ich mich selbst davon überzeugen, dass er seine Arbeit ohne Einschränkungen gut verrichtete. So gut sogar, dass ihm in Aussicht gestellt wurde, er könne sich noch um einige Boots- und Gehaltsklassen verbessern.

Ich kann gar nicht sagen, wie dankbar ich dem lieben Gott war, weil er meine stillen Gebete um unser Sorgenkind erhört hatte. Wer hätte schon gedacht, dass ausgerechnet der Bub mit der Behinderung es am weitesten von all unseren Kindern bringen würde.

## Marias Tochter

Unsere Große, die Philomena, wohnte noch eine ganze Weile daheim, während sie als Verkäuferin in einer Bäckerei arbeitete, wo es ihr sehr gut gefiel. Dort fand sie auch den Mann fürs Leben. Irgendwann, sie hatte diese Stelle seit etwa zwei Jahren, fiel ihrer Chefin auf, dass ein bestimmter junger Mann in schöner Regelmäßigkeit bei ihr zwei Mutschli, wie man in unserer Gegend die Brötchen nennt, kaufte. »Du, Mena, mir scheint, du hast einen Verehrer«, flüsterte sie dem Mädchen eines Tages zu.

»Das glauben Sie doch nicht im Ernst«, winkte meine Stieftochter verlegen lächelnd ab. »Davon müsst ich doch was gemerkt haben.«

»Ja, was glaubst, warum der so oft bei uns zwei Mutschli kauft und immer von dir bedient werden will?« Da wurde die Mena noch verlegener, denn das Auge der Bäckersfrau hatte richtig beobachtet. Schon bald darauf fasste sich der junge Mann ein Herz und fragte die Mena geradeheraus, ob er sie mal sonntags zu einem Spaziergang abholen dürfe. »Das wär schon recht«, antwortete diese. »Aber ich wohn in Seedorf.«

»Ich weiß«, erwiderte der Verehrer. »Das ist für mich kein Problem, ich besitz ein Velo.«

Menas nächster Einwand lautete: »Ich muss aber erst meine Eltern fragen, ob's denen recht ist.«

Als sie mich fragte, antwortete ich: »Warum nicht, Mena? Du bist alt genug, einen Freund zu haben. Und da er einverstanden war, dass du uns zuerst fragst, scheint er es ernst mit dir zu meinen. Aber wenn du Zweifel hast, kannst ihn ja erst mal uns vorstellen.« Das tat sie dann auch. Hans Lussi war ein netter Bursche, fünf Jahre älter als meine Stieftochter, arbeitete in einer Fabrik und machte den Eindruck, als sei er zielstrebig und fleißig.

Als sie sich zwei Jahre kannten, wollten sie heiraten, und der Hochzeitstermin war schon festgelegt. Doch da brach der Zweite Weltkrieg aus, und der Hans gehörte zu den Ersten, die zur Verteidigung des Vaterlands zum Aktivdienst gerufen wurden. Die Hochzeit wurde verschoben. Nicht für lange Zeit, hofften die beiden, weil damals jeder dachte, dieser Spuk müsse bald vorüber sein. Doch das war er bekanntlich nicht, und als im dritten Kriegsjahr noch immer kein Ende abzusehen war, wandte sich die Mena erneut Rat suchend an mich: »Was meinst, Mama, könnten wir es verantworten, in diesen unsicheren Zeiten zu heiraten?«

Ich überlegte sehr sorgfältig, ehe ich ihr eine Antwort gab. »Gewiss, die Zeiten sind unsicher, und es ist nicht abzusehen, wie lang dieser unselige Krieg noch anhält. Aber man weiß nicht, ob das Leben nach dem Krieg besser aussieht. Der Hans ist ein aufrichtiger Bursche und liebt dich wirklich. Es wird ihm den Rücken stärken, wenn er weiß, dass zu Hause jemand sehnsüchtig auf seine Rückkehr wartet. Ich mein, du bist alt genug, die richtige Entscheidung zu treffen.«

»Danke, Mama. Deine Worte helfen mir sehr. Ja, ich denk, in seinem nächsten Heimaturlaub sollten wir heiraten. Denn bis der Krieg endlich vorbei ist, bin ich womöglich eine alte Jungfer.«

Im November 1942 fand dann Menas Hochzeit mit Hans Lussi statt. Trotz der Jahreszeit hatten wir Glück mit dem Wetter. Der Schnee war von einem kräftigen Föhn weggetaut worden, sodass wir den Weg zur Kirche trockenen Fußes zurücklegen konnten. Es wurde eine kleine, ganz bescheidene Hochzeitsfeier, denn zum einen war niemand von uns mit irdischen Gütern gesegnet, zum anderen erschwerte die Kriegswirtschaft die alltäglichen Dinge des Lebens. Für alles brauchte man Karten und Bezugsscheine, was das Ausrichten eines großen Festes über die Maßen erschwert hätte.

Obwohl es damals bereits Mode war, in Weiß zu heiraten, trat die Mena in Schwarz vor den Altar. Sie trug dasselbe Brautkleid, das dreiundzwanzig Jahre zuvor ihre Mutter und elf Jahre später ich getragen hatte. Es passte ihr, als hätte man es ihr auf den Leib geschneidert. Nur ein bisschen zu kurz war es, denn die Braut überragte mich um einige Zentimeter. Aber für solche Fälle hatten wir ja die Josefa: Sie ließ den Saum raus und verdeckte die Bruchkante mit einem Samtband. In der Kirche waren wir nur ein kleiner Kreis: das Brautpaar mit den jeweiligen Eltern und meine Schwester Josefa, Menas Patentante.

Damit ich ungestört an dem Brautamt teilnehmen konnte, hatte sich meine Schwester Anna bereit erklärt, sämtliche Kinder zu betreuen und nebenher für das Mittagessen zu sorgen, ein etwas besseres, als es sonst auf dem Gründli üblich war. Zu den Rösti bereitete sie einen anständigen Schweinsbraten mit Sauerkraut zu.

Bald nach dem Mahl ging die Hochzeitsgesellschaft auseinander, und das junge Paar zog sich in seine vier Wände zurück. Nur eine Woche blieb ihnen für ihr junges Glück, dann musste der frischgebackene Ehemann schon wieder Abschied nehmen und zu seiner Einheit zurückkehren.

Die Philomena war sehr kinderlieb. Davon hatte ich mich in all den Jahren überzeugen können, in denen sie mir geholfen hatte, ihre Halbgeschwister großzuziehen. Folglich wünschte sie sich nichts sehnlicher als eigene Kinder, doch da der junge Ehemann nur selten Urlaub bekam, dauerte es über ein Jahr, bis sie endlich schwanger war. Sobald sie Gewissheit hatte, berichtete sie es mir voller Freude. Doch je näher es auf den Entbindungstermin zuging, desto sorgenvoller wurde sie, denn immer wieder stand ihr die tragische Geschichte ihrer eigenen Geburt, bei der ihre Mutter ihr Leben hatte lassen müssen, vor Augen. Davon erfuhr ich aber erst später, als sie kurz vor ihrer Niederkunft mit einer Bitte an mich herantrat: »Gell, Mama, du nimmst mein Kind zu dir, falls mir etwas passiert?«

»Aber Mena, was redest du da?«, reagierte ich bestürzt. »Gewiss würde ich das tun. Aber wie kommst auf solche Gedanken?«

»Du weißt doch, was meiner Mutter passiert ist.«

»Ja, schon. Aber schau, Mena«, versuchte ich sie von ihren düsteren Gedanken abzubringen. »Das traurige Schicksal deiner Mutter muss sich doch nicht bei dir wiederholen. Bei den meisten Frauen verlaufen die Entbindungen völlig ohne Probleme. Du brauchst nur in deiner eigenen Verwandtschaft Umschau zu halten. Da gibt's positive Beispiele genug. Schau, ich hab zwölf Kinder zur Welt gebracht, und es ging immer alles gut. Und eine deiner Großmütter hatte acht Kinder und die andere gar dreizehn.«

»Ja, ja, hast ja recht, Mama. Es ist wirklich dumm von mir, dass ich mich in diese Sache verrenne. Ich werd versuchen, auf andere Gedanken zu kommen.«

Bei ihrem nächsten Besuch äußerte sie jedoch neue Befürchtungen: »Ich weiß, Mama, dass Geburten meist gut gehen. Bei meiner Mutter war ja auch die Entbindung als solche nicht das Problem. Sondern danach ist irgendetwas schiefgelaufen, und der Arzt hat ihr nicht helfen können.«

»Mena, das war vor vierundzwanzig Jahren! Inzwischen hat die Medizin gewaltige Fortschritte gemacht. Heute würde so etwas bestimmt nicht mehr passieren. Man hat jetzt so viele neue Behandlungsmethoden und Medikamente, mit denen man helfen könnte. Mach dir also keine Sorgen. Es wird sicher alles gut werden.«

Das tat es dann auch. Im letzten Kriegsjahr, im Juli 1944, wurde Menas erstes Kind geboren, ein kleiner Hans. Nicht nur der junge Vater war mächtig stolz auf seinen Stammhalter, sondern auch mein Mann, der frischgebackene Großvater, strahlte vor Glück über den ersten Enkel.

Anderthalb Jahre später lag dann eine kleine Philomena in unserer alten Familienwiege, und so ging es in schneller Folge weiter. Mit jedem Kind verflogen Menas Ängste mehr, und sie sah jeder neuen Entbindung mit wachsender Zuversicht entgegen. Jedes Kind wurde freudig begrüßt, und auch die finanzielle Situation war trotz wachsender Familie einigermaßen stabil. Die Mena hatte zwar ihre Berufstätigkeit aufgegeben, aber ihr Mann bekam gleich nach dem Krieg seine alte Stelle zurück, wo er nicht schlecht verdiente und durchaus in der Lage war, eine große Familie zu ernähren. Da die Mena noch einige Ersparnisse aus der Zeit ihrer Tätigkeit in der Bäckerei besaß, konnte das junge Paar sogar daran denken, ein eigenes Haus zu bauen.

Nach der Hochzeit hatten sie im Haus von Menas Schwiegereltern Unterschlupf gefunden, was jedoch keine Dauerlösung war, weil es mit wachsender Familie allmählich eng in dem kleinen bäuerlichen Anwesen wurde. Nach der Geburt des dritten Kindes gingen sie schließlich das Wagnis ein, mit dem Hausbau zu beginnen. Alle männlichen Verwandten von beiden Seiten halfen dabei nach Kräften mit, um die Kosten einigermaßen niedrig zu halten, und noch vor der Geburt des vierten Kindes siedelte die Familie um. Dass sie nun ganz in unserer Nähe wohnten, freute uns besonders. Nun sah man sich öfter und konnte sich gegenseitig beim Kinderbetreuen aushelfen. Wenn aber wieder eine Entbindung bei der Mena anstand, war es nach wie vor meine gute Schwester Anna, die man zur Betreuung der Kinder und zur Pflege der Wöchnerin holte.

Nachdem bei den Lussis das siebte Kind angekommen war, ein kleiner Wilhelm, bei dem unser Sohn Willi stolzer Götti werden durfte, kehrte die

Anna auf dem Heimweg von der Wochenpflege bei uns ein. Ich kochte uns einen guten Kaffee, und wir hielten einen kleinen Schwatz. »Unsere Nichte weiß wenigstens, was sich gehört«, scherzte meine Schwester. »Die kriegt immer schön ein Kind nach dem anderen und übertreibt nicht wie du mit deinen ständigen Zwillingen.«

»Was regst dich auf?«, gab ich heraus. »Sei froh, dass ich mich dabei noch zurückgehalten hab. Es hätten statt der Zwillinge ja auch jedes Mal Drillinge sein können.« Wir lachten beide.

Im Jahr darauf wurde die Anna erneut zur Mena gerufen, und auch diese achte Entbindung verlief ohne das geringste Problem. Dann aber kam das Jahr 1956, und im Haus der Lussis wartete man auf das neunte Kind. Niemand dachte etwas Böses. Am Vormittag des 26. März schickte ich unseren Toni mit einem kleinen Auftrag zur Mena. Um was es sich dabei handelte, weiß ich nicht mehr. Ich erinnere mich nur noch, dass der Toni gerne ging, weil er sehr an der großen Schwester hing. Ihren Mann mochte er auch, weil der ihm immer wieder mal ein, zwei Franken zusteckte, wenn der Bub ihm bei Waldarbeiten half. Das war ein schöner Nebenverdienst für einen Burschen von fünfzehn Jahren, der das Geld, das er durch seine Teilzeitbeschäftigung auf dem Müllplatz verdiente, restlos zu Hause abliefern musste.

Zum Haus der Lussis waren es von uns aus nur sechs-, siebenhundert Meter. Wäre da nicht der kleine Wald gewesen, hätte man sogar hinüberschauen können. Als der Toni nach einer Weile zurückkam, wirkte er ein wenig verstört.

»Was ist los mit dir, Toni?«, fragte ich ihn.

»Ach«, seufzte er, »ich weiß nicht. Die Mena war heut so sonderbar.«

»Kein Wunder«, versuchte ich meinem Sohn die Situation zu erklären. »Sie steht ja kurz vor der Entbindung. Vielleicht hat sie schon Wehen gehabt.«

»Nein, das glaub ich nicht. Das hätt sie mir bestimmt gesagt.«

»War sie vielleicht nicht nett zu dir?«, forschte ich weiter.

»Doch, sogar sehr nett. Am liebsten hätt sie mich gar nicht mehr fortgelassen. Sie hat mir sogar noch vom Stubenfenster nachgewinkt. Das tut sie sonst nie. Deshalb hab ich mich vor dem Wald noch mal umgeschaut und sie noch immer am Fenster stehen und winken sehen. Da überkam mich so ein komisches Gefühl.«

»Ach, Toni, mach dir doch deswegen keine Gedanken. Das hat bestimmt nichts zu bedeuten.«

Am Nachmittag desselben Tages, es muss gegen fünf Uhr gewesen sein, kam keuchend Menas zweiter Sohn, der achtjährige Alois, bei uns an. Er überreichte mir einen Zettel, auf dem ich die Handschrift meiner Schwester Anna erkannte. Den Inhalt der wenigen Worte begriff ich zunächst nicht. »Die Mena ist tot, Kind lebt«, stand da in klaren, unumstößlichen Buchstaben. Ich las die Nachricht ein zweites und drittes Mal und reichte den Zettel dann dem Toni, der sich gerade bei mir in der Küche aufhielt. Es war für mich wie ein Schlag vor den Kopf und für meinen Sohn erst recht. Ich fühlte mich, als hätte man mir die Beine unterm Leib weggezogen. Minutenlang waren wir wie erstarrt und brachten kein Wort hervor. Dann endlich vernahm ich Tonis Stimme wie von weither: »Jetzt kann ich mir auch das komische Gefühl vom Morgen erklären: Mir war's, als würde ich die Mena zum letzten Mal sehen«, sagte er und brach in erlösende Tränen aus. Auch ich konnte endlich weinen, doch auf einmal fiel mir der kleine Alois ein, der uns die traurige Nachricht überbracht hatte. Den hatten wir in unserem Kummer völlig vergessen. Ich schaute mich um, doch ich konnte ihn nirgends entdecken. Wahrscheinlich war er nach Überreichen der Schreckensbotschaft gleich wieder nach Hause gelaufen.

Was sollte jetzt werden? Nur sechsunddreißig Jahre hatte die Mena werden dürfen, und neun unmündige Kinder hinterließ sie. Für den Anton war der Tod seiner Tochter ganz schwer zu verkraften, kam doch besonders bei ihm die Erinnerung an die Maria wieder hoch, die im Kindbett gestorben war. Und jetzt noch die Mena! Schweigend und mechanisch verrichteten wir die notwendigen Arbeiten im Stall, bevor wir uns auf den Weg zu unserer toten Tochter machten. Kreidebleich, wie schlafend lag sie da in ihren Kissen, und wir konnten kaum glauben, dass sie nicht mehr lebte. Nachdem wir Abschied von ihr genommen hatten, folgten wir der Anna in die Stube, um uns erzählen zu lassen, wie sich die Tragödie ereignet hatte.

Meine Schwester war bereits seit einigen Tagen im Haus, um ja rechtzeitig zur Stelle zu sein, falls das Baby früher kommen sollte als erwartet. Da bei der Mena aus Erfahrung mit einer schnellen Entbindung zu rechnen war, hatte die Anna sich gleich nach der ersten Wehe, so gegen zwei Uhr am Nachmittag, auf den Weg zur Hebamme gemacht. Als sie eine halbe Stunde später mit der Vreni zurückkam, drängte das Baby bereits mit solcher Macht ins Freie, dass es für einen Dammschutz bereits zu spät war. Die Geburtshelferin konnte nur noch hinzustürzen und das Kind auffangen. Weil es sich bei dem Neugeborenen um einen ansehnlichen Brocken handelte, riss bei der Mena der Damm gewaltig ein, und ein Arzt musste her, um die Wunde zu nähen. Wieder machte sich die Anna auf den Weg und war bald mit dem Doktor, der bereits ein Auto besaß, zurück. Er konnte auch gleich mit Nähen beginnen, da sich die Nachgeburt schon gelöst hatte. Anschließend verlangte die junge Mutter, ihr Baby zu sehen, das die Hebamme inzwischen gebadet und angezogen hatte. Liebevoll drückte sie es an sich und sagte: »Martin soll er heißen.«

Das waren ihre letzten Worte. Dann überschlugen sich die Ereignisse. Der Vreni, die das Kind wieder an sich nehmen wollte, fiel auf, dass die Mena mit einem Schlag blasser und apathischer wurde, und machte den Doktor, der gerade dabei war, seine Instrumente einzupacken, darauf aufmerksam. Der fasste nach dem Puls und rief erschrocken aus: »O mein Gott! Ruft sofort den Pfarrer.«

In Sekundenschnelle hatte er erkannt, dass er mit seiner Kunst am Ende war. Wieder musste die Anna loslaufen und brachte statt des Gemeindepfarrers den Kaplan mit, der der Sterbenden nur noch die Letzte Ölung spendete. Weil die Philomena bereits bewusstlos war, konnte sie die übrigen Sterbesakramente nicht mehr empfangen. Gegen vier Uhr hauchte die neunfache junge Mutter ihr Leben aus. Niemand habe einen Fehler gemacht, stellte der Arzt fest. Die Mena sei offenbar an einer inneren Blutung gestorben, von der man nichts habe bemerken können.

In die lähmende Stille hinein erklang von draußen fröhlicher Kinderlärm und lautes Lachen. Menas Ältester, der Hansi, gerade mal elf Jahre alt, war mit seinen Kameraden von einem Schulausflug zurückgekehrt. Vor dem Haus verabschiedete er sich scherzend und lachend von ihnen, wie es Bubenart war – nicht ahnend, dass drinnen gerade seine Mutter für immer die Augen geschlossen hatte. Und so war es Annas erste Aufgabe, den verstörten Buben zu trösten. Dann erst kam sie dazu, sich um die anderen Kinder zu kümmern und mir eine Nachricht zu schicken.

Wir blieben, bis unser Schwiegersohn von der Arbeit kam, um ihm in den ersten schweren Stunden beizustehen. Übermächtig war seine Sorge um die Kinder. Wir boten uns an, wie ich es der Mena vor Jahren einmal versprochen hatte, den kleinen Martin zu uns zu nehmen. Der Hans war sofort einverstanden. Also betteten wir den Säugling in einen Wäschekorb und trugen ihn noch am selben Abend in unser Haus, während die Anna vorerst die übrigen Kinder versorgen würde.

Für mich war die Situation eine ganz schöne Herausforderung, denn meine Jüngsten waren immerhin mittlerweile fast vierzehn Jahre alt. Aber wie man mit einem Säugling umgeht, das hatte ich nicht verlernt, und alles ging mir so leicht von der Hand wie ehedem, als sei keine Pause dazwischen gewesen.

Das einzige Problem bildete die Ernährung des Kleinen, der ja ohne Muttermilch groß werden musste. Zum Glück gab es inzwischen gutes, verträgliches Milchpulver, und die Hebamme hatte mir für die ersten Tage gleich ein paar Probepäckchen mitgegeben. Damit kam ich gut über die Runden, bis einer von uns nach Altdorf fuhr, um ein paar Dosen zu kaufen. Schnell gewöhnte ich mich an die Zubereitung dieser neumodischen Säuglingsnahrung, und der kleine Martin gedieh prächtig dabei.

Meine Familie war über den überraschenden Familienzuwachs restlos begeistert, vor allem meine jüngeren Kinder, die ja noch kein Baby im Haus erlebt hatten. Aber selbst meine Großen, die tagsüber in der Arbeit waren, stürzten sich am Abend auf den Buben und wussten ihm nicht genug Liebe zukommen zu lassen. Jeder bot mir seine Hilfe an bei der Betreuung und Versorgung des mutterlosen Kindes.

Nach Menas Beisetzung blieb die Anna vorerst bei den Lussis, doch nach einigen Wochen drängte unser Bruder, der den elterlichen Hof bewirtschaftete, die Anna möge endlich nach Hause kommen, weil in der Landwirtschaft die Frühjahrsarbeit beginne. Der junge Witwer musste also eine andere Lösung für seine Kinder finden. Während er die beiden Ältesten, die sich schon selbst versorgen konnten und sich abends sogar um den Vater kümmerten, zu Hause behielt, verteilte er die sechs Jüngeren in seiner Verwandtschaft.

Der kleine Martin war ja ohnehin schon bei uns, und stillschweigend gingen wir davon aus, dass es für immer sein würde. Doch es sollte anders kommen.

Nach einem Jahr etwa wurde die Sozialbehörde auf die mutterlose Familie aufmerksam. Man meinte dort, es ginge nicht an, dass die Kinder weiterhin auseinandergerissen würden und die meisten zudem vom Vater getrennt lebten. Der Herr Lussi müsse alles daransetzen, diesen Zustand zu beenden. Gewiss, das wäre auch ihm das Liebste gewesen. Aber wo sollte ein Witwer mit neun Kindern zwischen einem und zwölf Jahren eine neue Frau finden?

In seiner Not klopfte der Hans zunächst bei uns an. Ob ich ihm nicht die Elsi als Magd überlassen könnte, damit sie sein Hauswesen führte? Zu der Zeit war meine Tochter knapp zwanzig Jahre alt und arbeitete nach wie vor in der Bandweberei, wo sie für die damaligen Verhältnisse ganz gut verdiente. Ob sie so einfach ihre Arbeit, die ihr Freude machte, aufgeben wollte, um neun unmündigen Halbwaisen die Mutter zu ersetzen, hielt ich für fraglich. Dennoch versprach ich dem Hans, mit ihr darüber zu reden. Sie zeigte, wie ich vermutet hatte, keine große Begeisterung. Auf der einen Seite taten mir die Kinder der Philomena leid und deren Vater ebenfalls, auf der anderen Seite aber wollte ich die Elsi zu keiner Sache überreden, bei der ich selbst kein gutes Gefühl hatte. Um mir Rat bei einem Außenstehenden zu holen, machte ich einen Besuch bei unserem Pfarrer. Der hörte mir aufmerksam zu und warnte dann eindringlich: »Lassen Sie das nicht zu, Frau Eberle-Gisler, dass die Elsi in dieses Haus geht. Mit ihren neunzehn Jahren ist sie noch viel zu jung, um Muttterersatz für neun Kinder zu spielen. Für die älteren ist sie keine Respektsperson, und mit den

Kleinkindern ist sie völlig überfordert. Außerdem, es gäbe Gerede im Dorf, wenn das junge Mädchen mit dem Witwer unter einem Dach lebt. Und vielleicht – was noch schlimmer wäre – bliebe es nicht nur bei dem Gerede. Herr Lussi mag ein durchaus ehrenwerter Mensch sein, aber mit seinen zweiundvierzig Jahren ist er noch immer ein Mann aus Fleisch und Blut. Die Versuchung wäre einfach zu groß.«

Das waren klare Worte. Nun wusste ich endlich mein ungutes Gefühl zu deuten, doch es fiel mir nicht leicht, dem Hans am folgenden Sonntag einen abschlägigen Bescheid zu geben. Er reagierte wesentlich schroffer, als ich befürchtet hatte. Ja, unser Gespräch artete regelrecht in einen Streit aus. Vor lauter Wut und Enttäuschung wollte er den kleinen Martin auf der Stelle mitnehmen.

»Wo willst denn hin mit dem Kind?«, fragte ich voller Besorgnis. »Außerdem, wie kannst ihm das antun? Er hat sich bei uns so gut eingewöhnt, dass es für ihn sehr hart wäre, ihn da herauszureißen.«

»Man muss eben hart sein«, war die kurze Antwort unseres Schwiegersohns. Dann verließ er, die Tür knallend, das Haus. Mir war sofort klar, dass diese Geschichte noch ein Nachspiel haben würde. Doch tagelang rührte sich nichts.

An dem Tag, an dem unser kleines Pflegekind ein Jahr alt wurde, sollte ein Familienfoto gemacht werden. Tage vorher hatten wir mit dem Fotografen bereits einen Termin für den Nachmittag ausgemacht. Mittags – wir saßen gerade beim Essen – marschierte eine Fürsorgerin bei uns herein. »Ich soll den kleinen Martin Lussi zu seinem Vater bringen«, erklärte sie.

»Um Gottes willen!«, rief ich aus. »Das geht doch nicht. Wie will denn der mit einem so kleinen Kind zurechtkommen?«

»Was geht Sie das an?«, fuhr mir die Frau über den Mund. »Das ist einzig und allein Herrn Lussis Angelegenheit.«

Meine Kinder, die alle an dem kleinen Neffen hingen, sträubten sich gegen dieses Ansinnen im wahrsten Sinne des Wortes mit Händen und Füßen. Sie gestikulierten heftig, beteuerten wild durcheinander, wie gern wir den Buben hätten und wie gut es ihm bei uns ginge. Die Fürsorgerin ließ sich jedoch nicht beirren. Sie riss den Kleinen, der gerade zum Füttern auf meinem Schoß saß, aus meinen Armen und verließ mit ihm fluchtartig das Haus. Vergeblich wehrte sich der Kleine auf seine Weise, strampelte und schrie zum Gotterbarmen. Sein Wehgeschrei drang noch zu uns herein, als sie mit ihm bereits zweihundert Meter vom Haus entfernt war. Einige meiner Kinder waren nämlich ans Fenster gestürzt und hatten dem kleinen Buben nachgeschaut. Wir litten alle stumm mit dem Kind. Jedes Familienmitglied war voller Trauer und voller Wut angesichts unserer Machtlosigkeit. Jeder löffelte schweigend und lustlos seine Suppe in sich hinein.

Dennoch marschierten wir, wenn auch ohne den Martin, zum vereinbarten Termin zum Fotografen nach Altdorf. Ich dachte, die Geschichte war nun mal ausgemacht, da konnten wir nicht wegbleiben, und vielleicht brachte diese Aktion die Kinder ja auf andere Gedanken. Tage später, als wir die Fotos in Händen hielten, waren wir entsetzt, denn wir sahen alle furchtbar darauf aus, unendlich traurig und gequält. Walter fragte nicht lange, sondern zerriss sie in lauter kleine Stücke. Jahre später haben wir das sehr bedauert, denn es wären unsere einzigen Fotos aus jener Zeit gewesen.

Vom Hans und den Kindern hörten wir praktisch nichts mehr. Der bis zum spektakulären Auftritt der Fürsorgerin herzliche Kontakt zwischen den beiden Familien war wie abgeschnitten. Meine jüngsten Zwillinge Rudi und Ursi, nur zwei Jahre älter als Menas Erstgeborener, waren vorher oft bei den Lussis gewesen, um mit dem Hansi und seinen Geschwistern zu spielen. Sie waren es auch, die nach einigen Wochen einen Annäherungsversuch unternahmen, doch sie kamen nicht weit. Eine Schwester vom Hans, die er sich ins Haus geholt hatte, scheuchte meine Kinder mit bösen Worten vom Grundstück und verbot ihnen das Wiederkommen.

Monate später – es hat mir fast das Herz zerrissen – kam Menas Ältester weinend zu uns in die Küche gestolpert. »Was ist denn los, Hansi? Was hat's gegeben?«, wollte ich von dem verzweifelt wirkenden Buben wissen. Es dauerte eine ganze Weile, bis er sich einigermaßen beruhigte. Dann rückte er, immer noch stockend, mit einigen Schreckensgeschichten heraus, denen zufolge der Vater mit seiner Schwester einen schlechten Griff getan hatte. Die Tante sei gar nicht nett, jammerte der Hansi. Sie strafe sehr oft mit unerbittlicher Härte und häufig sogar zu Unrecht – selbst die Kleinsten, die doch gar nicht Recht und Unrecht unterscheiden könnten. Sie schlage die Kinder willkürlich und sperre sie in die Toilette oder in den Keller ein. Abends komme es häufig vor, dass sie die Kinder, selbst bei kleinsten Vergehen, ohne Nachtessen zu Bett schicke.

Was denn der Vater dazu sage, erkundigte ich mich. »Ach der, der ist doch den ganzen Tag in der Arbeit, und wenn er müde nach Haus kommt, jammert die Tante ihm gleich vor, wie faul und frech wir gewesen sind und wie schwer sie es mit uns hat. Und er glaubt ihr alles.«

Ich nehme nicht an, dass die Schwester vom Hans von Natur aus böse war. Wahrscheinlich war sie mit der Situation einfach völlig überfordert und wusste sich nicht anders zu helfen. Nachdem ich mir das Klagelied vom Hansi angehört hatte, stiegen Schuldgefühle in mir hoch. War es vielleicht doch ein Fehler gewesen, die Elsi nicht dorthin zu schicken? Bei ihr hätten es die Kinder bestimmt besser gehabt, und ich hätte mich auch ein wenig kümmern können. Aber dann dachte ich wieder an die warnenden Worte des Pfarrers und beruhigte mein Gewissen.

Was aber sollte jetzt werden? Der Hansi war gar zu verzweifelt. »Ich mag gar nicht mehr nach Hause. Am liebsten würde ich davonlaufen«, sagte er.

»Nicht doch, Hansi, das wär auch keine Lösung. Wo willst denn hin?«, gab ich ihm zu bedenken. »Man würde dich sehr bald aufgreifen. Bei uns darfst auch nicht bleiben. Die Landjäger holen dich ganz bald wieder ab und bringen dich zu deinem Vater zurück. Hab noch etwas Geduld. In anderthalb Jahren wirst aus der Schule entlassen. Vielleicht findest dann einen Arbeitsplatz, der dich weit genug von zu Hause fortführt. Bete zu Gott, dass er dir die Kraft gibt, so lange durchzuhalten. Und bitte auch deine Mama im Himmel, dass sie dich und deine Geschwister beschützt.«

An diese Hoffnung, die ich dem Buben mit auf den Weg gegeben habe, muss er sich geklammert haben, denn er hielt wirklich durch bis zu seiner Schulentlassung, fand dann einen Arbeitsplatz in Luzern und wohnte dort in einem Lehrlingsheim. Seine Geschwister verließen ebenfalls eines nach dem andern das Elternhaus, sobald sie die Schule hinter sich hatten. Und so haben wir sie alle aus den Augen verloren, was meinen Mann noch mehr schmerzte als mich, denn immerhin waren sie seine leiblichen Enkel.

Noch bevor die beiden Jüngsten, der Anton und der Martin, aus dem Haus gingen, zog die Schwester des Vaters aus, weil sie, obwohl bereits in vorgerücktem Alter, heiraten wollte. Der Hans kam mit den beiden Buben die letzten beiden Jahre, die sie noch zur Schule mussten, ganz gut allein zurecht. Vierzehn Jahre, nachdem die Mena ihren Hans mit neun Kindern zurückgelassen hatte, war dann das Haus wieder leer und Hans Lussi mit fünfundfünfzig Jahren ein freier Mann. Kurz darauf hat er ein zweites Mal geheiratet.

# Das neue Haus

Irgendwann tauchte für uns das Problem auf, dass unser Haus in seiner Substanz immer schlechter wurde. Daran hatten auch elektrisches Licht und fließendes Wasser nichts ändern können. Die Herbst- und Frühjahrsstürme pfiffen nicht nur durch die Bodenkammer, die immer noch vier Buben als Schlafraum diente, sie bliesen auch gewaltig durch die vielen Ritzen, die sich inzwischen auch in den Holzwänden des ersten Stockes gebildet hatten. Und im Winter war es in unseren Schlafkammern so kalt, dass sich der Vater nicht mehr traute, ohne Mütze zu Bett zu gehen. Ja, die Kälte machte uns im ganzen Haus zu schaffen.

Es gab schließlich als Wärmequelle nur den Kachelofen, der von der Küche aus bedient wurde und die Stube mitheizte. Doch da es nicht möglich war, das Feuer über Nacht in Gang zu halten, glich selbst die Küche an jedem Wintermorgen einem Eispalast. Selbst bei größter Kälte musste ich immer als Erste hinunter und Feuer anmachen. Ganz schlimm war es 1955/56. Da herrschte tagsüber einmal drei Wochen am Stück ein Dauerfrost von -17/-18 Grad, und nachts sank die Temperatur mehrmals sogar auf -25 Grad ab. Dass nach einigen Tagen die Wasserleitung einfror, war eigentlich nichts Besonderes, aber in diesem Winter war es so extrem, dass sich über

Nacht das Wasser im Herdschiff zu Eis verwandelte, was sonst nie vorgekommen war.

Eines Abends, ich erinnere mich noch, als sei es erst gestern gewesen, kam der Friedel von der Arbeit heim und brachte zwei Flaschen Apfelmost mit. Die eine davon leerten wir zum Abendessen, indem wir sie mit Wasser verdünnt tranken. Die zweite Flasche wollten wir für den nächsten Abend aufheben. Weil die Temperatur in der Speisekammer aber zu niedrig war, sagte ich, ehe wir zu Bett gingen: »Die Mostflasche stell ich neben den Ofen, damit sie nicht einfriert.«

Am nächsten Morgen glaubte ich meinen Augen nicht zu trauen, denn da stand keine Flasche mehr neben dem Ofen, sondern nur noch eine einsame Mostsäule inmitten von tausend Glasscherben.

Wir begannen uns immer mehr nach dauerhaft warmen Räumen zu sehnen. Abgesehen davon empfanden wir auch die hygienischen Verhältnisse als zunehmend unerträglich. Während anderswo schon modernerer Komfort Einzug gehalten hatte, mussten wir nach wie vor in winterlicher Kälte das Scheißhüsli aufsuchen und uns in der Küche am Spülbecken drängen – für heranwachsende Kinder kein Vergnügen mehr. Längst wäre es nötig gewesen, in unserem Haus etwas aus- oder draußen etwas anzubauen. Aber angesichts der großen finanziellen Rückschläge, die der Krieg und die Viehseuchen mit sich gebracht hatten, war jahrelang nicht daran zu denken gewesen. Dadurch befand sich letztendlich das ganze Gebäude in einem so desolaten Zustand, dass man fürchten musste, es könnte bei einem Sturm oder unter einer schweren Schneelast zusammenbrechen.

Jetzt musste etwas getan werden, wenn man Mensch und Tier nicht gefährden wollte.

Aber mit einer Reparatur anzufangen, das lohnte nicht. Die Schäden waren mittlerweile so umfassend, dass nur noch abreißen und neu aufbauen half. Alles auf einmal – Wohnhaus und Wirtschaftsgebäude –, das ging aber nicht. Deshalb mussten wir entscheiden, was am notwendigsten erneuert werden musste, und kamen überein, mit Stall und Scheune samt Heuboden anzufangen. Zum Glück hatten wir ein bisschen Geld auf der hohen Kante, weil fast alle Kinder inzwischen Lohn heimbrachten, aber diese Summe hätte bei Weitem nicht ausgereicht, um an den Bau eines neuen Hauses zu denken. Wir konnten jedoch auf ein anderes Kapital, ein vielleicht noch wertvolleres, zurückgreifen, und zwar auf unsere Söhne, die mit ihren handwerklichen Fähigkeiten dieses Unternehmen erst ermöglichten.

Der Friedel, inzwischen fünfundzwanzig Jahre alt, hatte lange genug bei einem Zimmermann gearbeitet, um von diesem Geschäft etwas zu verstehen. Der drei Jahre jüngere Peter kannte sich im Maurerhandwerk bestens aus. Der Heini und der Wälti hatten zwar nichts Spezielles gelernt, aber sie waren groß und stark genug, um ihren Brüdern als Handlanger zur Seite zu stehen. Ja, selbst der Vater erklärte sich bereit, Hilfsdienste zu übernehmen, soweit sein Bein das erlaubte. Sogar einige von meinen Brüdern und Antons Schwägern waren bereit mitzuhelfen, wann immer sie Zeit hatten. Wir brauchten also nur einen Entwurf in Auftrag zu geben, das Material zu kaufen, und schon konnte es losgehen.

Im Frühsommer 1956 schickten wir sämtliche Kühe und Jungtiere mit dem Willi auf die Bergweiden, damit der Stall abgerissen werden konnte. Unser letztes Schwein hatten wir bereits im März geschlachtet und vorsorglich kein neues angeschafft, damit auch der Schweinestall leer war. Mit Feuereifer machten sich die Männer daran, die maroden Stallungen abzureißen, wobei sie sich aber nicht blindlings ans Werk machten. Alles, was noch brauchbar erschien, wurde ordentlich zur Seite gelegt, damit man es beim Neubau verwenden konnte.

Sie machten ihre Sache wirklich gut. Als der Willi Ende September mit seinen Tieren von der Alp kam, glaubte er auf dem falschen Hof zu sein, so schön sah der neue Stall aus. Vor allem aber war er grundsolide gebaut – und praktischer als der alte sowieso. Wir hatten die neuesten Erkenntnisse hinsichtlich Technik und Viehhaltung beim Bau berücksichtigt, was uns die Arbeit sehr erleichtern würde. Alle waren begeistert, nur die Kühe guckten dumm und wollten den neuen Stall partout nicht betreten. Aus ihrer Sicht verständlich, denn das neue Gebäude sah nicht nur anders aus als ihre bisherige Behausung, sondern befand sich an anderer Stelle und roch ganz und gar nicht nach Kuh. Wir mussten schon mächtig zerren und schieben, bis wir die Rindviecher dort hatten, wo wir sie haben wollten. Dass der Stall bald wieder ihren Geruch annahm, dafür sorgten sie gleich in der ersten Nacht.

Als wir uns entschieden, als Erstes den Stall zu bauen, hatten mein Mann und ich dabei auch den Hintergedanken gehabt, dass unsere Söhne, die eben doch nur begrenzt vom Fach waren, erst mal üben konnten, bevor sie mit dem komplizierteren Bau eines Wohnhauses begannen. Sollte ihnen ein Fehler unterlaufen, würden sie wissen, worauf sie später zu achten hatten. Der Stall war also sozusagen ihr Gesellenstück, das ihnen ausgezeichnet gelang, und so konnten wir sie im Sommer darauf mit ihrem Meisterwerk betrauen.

War es bisher Brauch gewesen, Wohnhaus und Wirtschaftsgebäude unter einem gemeinsamen Dach zu haben, ging man in den Fünfzigerjahren dazu über, die Gebäude getrennt voneinander zu erstellen. Die frühere Bauweise hatte zwar den Vorteil, dass Stall und Scheune, die direkt an die Nordseite des Wohnhauses grenzten, den kalten Nordwind abhielten, doch gab es mittlerweile so gut isolierende Baumaterialien, dass man diesen Aspekt vernachlässigen konnte. Die getrennte Bauweise brachte außerdem für unser Vorhaben den Vorteil, dass wir so lange im alten Haus bleiben konnten, bis das neue an anderer Stelle errichtet war. Wir hätten ja sonst nicht gewusst, wo wir während der Bauzeit wohnen sollten.

Wieder packten alle verfügbaren männlichen Verwandten und sogar Freunde mit an, sodass an der Mittagstafel an manchen Tagen sechzehn oder siebzehn Personen hätten Platz nehmen müssen. Weil das aber in unserer bescheidenen Küche nicht möglich war, ließen wir in zwei Schichten essen.

Nicht alles konnten wir jedoch durch unsere eigenen, für Gotteslohn und ein Mittagessen arbeitenden Leute machen lassen. Zum Verlegen der elektrischen Leitungen, für die Wasserinstallation, für den Einbau der Zentralheizung und zum Decken des Daches benötigten wir selbstverständlich Fachkräfte. Das kostete natürlich alles einen Haufen Geld, aber wir schafften es irgendwie.

Wie angenehm wurde für uns das Leben, als wir endlich ins neue Haus einziehen konnten. Morgens in aller Herrgottsfrühe, wenn ich in die Küche kam, war sie bereits gemütlich warm. Niemand musste mehr hinaus in die Kälte, um seine Notdurft zu verrichten; wir hatten sogar zwei Toiletten im Haus, auf jeder Etage eine. Und dann erst das warme, geräumige Bad. Da war es ein Vergnügen, sich zu waschen. Für jeweils zwei Kinder gab es eine Schlafkammer, und jedes hatte sein eigenes Bett – früher keine Selbstverständlichkeit. Nur die drei jüngsten Söhne mussten sich noch eine Zeit lang zu dritt ein Zimmer teilen.

## Auf Freiersfüßen

Keiner von meinen Söhnen ist vor seinem zwanzigsten Geburtstag je zum Tanzen gegangen. In unserem Dorf gab es zwar wie in den Nachbargemeinden auch jedes Jahr einen Kirchweihtanz, doch um diesen zu besuchen, fehlte das Geld. Sie bestanden auch nicht darauf, an solchen Vergnügungen teilzunehmen, was mir die Sache sehr erleichterte. Es wäre mir nämlich schwergefallen, jedes Mal sagen zu müssen: »Bub, es tut mir leid, ich hab kein Geld.«

Sobald aber ein Sohn vom Militärdienst, den jeder gesunde junge Mann ab seinem neunzehnten oder zwanzigsten Lebensjahr ableisten musste, zurück war, drückte ich ihm freiwillig fünf Franken in die Hand und ermunterte ihn: »Jetzt ist's an der Zeit, dass du mal zum Kirchweihtanz gehst.« Als Erstes war unser Ältester, der Friedel, an der Reihe, doch was antwortete der mir: »Was soll ich denn da? Ich kann ja nicht tanzen.«

»Das macht gar nichts, bewegst dich halt im Takt der Musik«, lautete mein mütterlicher Rat, »dann klappt das schon.«

»Aber Mutter, mir liegt nichts am Tanzen«, kam als nächste Ausrede.

»Es geht nicht ums Tanzen, es geht darum, dass du dir eine passende Frau suchst, die du irgendwann heiraten kannst.«

»Ach, mit dem Heiraten hat's noch Zeit«, redete er sich heraus.

»Heiraten brauchst ja nicht gleich, aber es ist wichtig, dass du dich unter den Mädchen schon mal umschaust. Wenn du zu lange wartest, sind die besten vergeben.«

»Mutter, was soll ich nach einer Frau suchen? So eine wie dich find ich ja doch nicht«, entgegnete der Friedel mit treuherzigem Blick. Über diese schmeichelhafte Aussage musste ich zwar lächeln, doch ich gab nicht eher Ruhe, bis sich der Sohn – wenn auch lustlos – ins Festgetümmel stürzte. Auf ähnliche Weise erging es mir übrigens auch mit allen anderen Söhnen.

Tatsächlich hat keiner von ihnen vor seinem siebenundzwanzigsten Lebensjahr geheiratet, einige waren sogar weit über dreißig. Nicht nur, dass sie allesamt in dieser Hinsicht spät dran waren, sie haben sich offenbar auch den Rat einer Tuchhändlerin, die ab Mitte der Fünfzigerjahre in schöner Regelmäßigkeit bei uns vorsprach, zu Herzen genommen. »Man soll nie eine Frau heiraten, wo man es aus dem Kamin rauchen sieht«, sagte sie. Was bedeutete, man solle nicht eine Frau aus der Nachbarschaft nehmen, sondern sich möglichst eine von auswärts suchen. Daran haben sich alle unsere Söhne gehalten. Kein Einziger hat eine aus unserem Dorf geheiratet.

Überhaupt waren die Buben Spätzünder, ganz im Gegensatz zu unseren Töchtern. Die bettelten schon mit sechzehn oder siebzehn Jahren um die Erlaubnis, zur Kirwe, wie wir die Kirchweih nannten, gehen zu dürfen. Das erlaubte ich aber erst, sobald sie achtzehn waren – und auch dann noch schweren Herzens. Schließlich konnten in einem Wirtshaus auf ein Mädchen allerlei Gefahren lauern. Nur eine Ausnahme gab es für mich, und das war ein Ball für Jungmänner und Jungfrauen, wie man sagte, der im Schulhaus unter der Protektion des Pfarrers und ohne Alkoholausschank stattfand. Den durften die Mädchen bereits mit siebzehn besuchen.

Im Gegensatz zu ihren Brüdern liebten unsere Töchter das Tanzen sehr, und sie übten schon in der Stube oder in der Küche, als sie noch gar nicht ausgehen durften. Und als ob sie es so abgesprochen hätten, heirateten alle vier mit dreiundzwanzig Jahren, immer schön der Reihe nach. Ich freute mich mit meinen Töchtern, und doch wurde mir jedes Mal das Herz schwer, wenn ich wieder eine ziehen lassen musste. Am schwersten traf es mich, als mein Hausmütterchen, die Hanni, heiraten wollte. Stillschweigend war ich davon ausgegangen, dass sie mir bis ans Ende meiner Tage erhalten bliebe. Dieser Irrglaube wurde dadurch genährt, dass sie mir nie zuvor einen Burschen präsentierte. Bis sie etwa ein halbes Jahr nach ihrem zweiundzwanzigsten Geburtstag mit einem Mann in unserem Haus erschien, ihn als Alfred Bürgle vorstellte und ohne Umschweife erklärte: »Mutter, wir wollen heiraten.«

Ich fühlte mich völlig überrumpelt und musste mich erst einmal setzen. »Ja, was hast denn, Mutter?«, fragte meine Tochter konsterniert. »Schließlich bin ich zum Heiraten doch alt genug.«

»Ja … ja …, schon«, stotterte ich. »Ich habe nur gedacht … Ich meine …, du hast nie von einem Mann gesprochen, geschweige denn einen mit ins Haus gebracht. Seit wann kennt ihr euch denn?«

»Oh, schon seit fünf Jahren«, strahlte die Hanni.

»Das hast aber gründlich geheim gehalten«, tadelte ich.

»Das hatte auch seinen Grund«, warf der Alfred ein, der die ganze Szene bisher schweigend beobachtet hatte. »Ich war vom ersten Augenblick an in die Hanni verliebt. Als ich sie sah, dachte ich: Dieses Mädchen muss ich wiedersehen, und machte ihr von Stund an den Hof. Die Hanni aber hat mir lange Zeit die kalte Schulter gezeigt. Davon ließ ich mich allerdings nicht abschrecken und bemühte mich beharrlich weiter um sie. Eines Tages geschah dann das Wunder, auf das ich immer gehofft hatte: Sie gab ihre Sprödigkeit auf und verliebte sich unsterblich in mich.«

»Das stimmt«, bestätigte sie. »Diesen will ich oder keinen. Und nun hab ich keinen sehnlicheren Wunsch, als ihn möglichst bald zu heiraten.«

»Ja, wo habt ihr euch denn kennengelernt?«, wollte ich, noch immer fassungslos, wissen.

»Das war auf dem Jungmänner- und Jungfrauenball im Schulhaus, als ich zum ersten Mal dort war.«

»Und ich dachte immer, auf diesem Ball kann nichts passieren, weil der Herr Pfarrer persönlich anwesend ist«, seufzte ich scherzhaft.

»Passiert ist ja auch nichts, Mutter. Deshalb wollen wir ja heiraten, ehe was passiert.«

»Ja, ja, schon gut, Hanni.«

Mich stellte ihr Entschluss jedoch vor ein Problem. Nicht dass ich gegen den jungen Mann etwas einzuwenden gehabt hätte, denn er machte einen durchaus soliden Eindruck. Seine Eltern lebten in Flüelen von einer bescheidenen Landwirtschaft, und er hatte, ebenso wie meine Söhne, nichts lernen dürfen. Seit seiner Schulentlassung arbeitete er in der nahe gelegenen Munitionsfabrik und war durchaus in der Lage, eine Familie zu ernähren. Es störte mich auch nicht, dass er dreizehn Jahre älter war als meine Tochter. Mein Problem bestand darin, dass ich mir nicht vorstellen konnte, wie ich ohne mein Hausmütterchen zurechtkommen sollte. Die Hanni war mir nicht nur unentbehrlich, weil ich immer wieder mit gesundheitlichen Problemen zu kämpfen hatte, sondern auch weil wir die Landwirtschaft inzwischen vergrößert hatten. Ja, würde der Willi, der Hoferbe, endlich Geschick machen und eine junge Frau ins Haus bringen, so könnte die mir manche Arbeit abnehmen. Da aber nichts darauf hindeutete, war die Hanni bei uns fest eingeplant.

»Habt ihr denn schon eine Wohnung?«, fragte ich plötzlich in der Hoffnung, vielleicht noch einen zeitlichen Aufschub für die Hochzeit erreichen zu können.

»Wir sind eifrig auf der Suche nach einer preiswerten Mietwohnung«, erklärte der Alfred. »Wir wollen nämlich eisern sparen, damit wir uns bald ein eigenes Haus bauen können.«

Diese Einstellung gefiel mir. »Gut«, sagte ich, »meinetwegen könnt ihr sofort heiraten, unter einer Bedingung aber: Ihr bleibt ein paar Jahre bei uns wohnen, womit uns beiden geholfen ist. Ich behalte noch eine Weile meine zuverlässige Hilfe, und ihr spart das Geld für die Miete und kommt so schneller zum Ziel.«

Mit dieser Lösung waren sie nicht nur einverstanden, sondern sogar begeistert. Platz im Haus hatten wir ja, da einige bereits ausgezogen waren.

Bis alle Vorbereitungen abgeschlossen waren, zog der Herbst ins Land, und die Hanni war mittlerweile dreiundzwanzig. Sie heiratete nicht in dem traditionsreichen Brautkleid meiner Schwester Maria, in dem auch ich und die Philomena vor den Altar getreten waren, sondern in dem weißen Kleid, das die Josefa für die Heidi angefertigt hatte. »Man kann heutzutage nicht mehr in Schwarz heiraten«, hatte unsere Älteste kategorisch erklärt. »Das ist längst überholt.«

»Aber es gibt immerhin so etwas wie Tradition«, wagte ich einen schüchternen Einwand.

»Tradition hin, Tradition her, dieses Kleid ist völlig aus der Mode und zeigt auch schon erste Verschleißspuren. Mit dem weißen Kleid beginnen wir eben eine neue Tradition.«

So wurde es dann tatsächlich. Nach der Heidi trug die Elsi das Kleid, und nun schmückte es bereits die dritte Braut und sollte auch noch bei unserer Jüngsten zum Einsatz kommen. Zum Glück hatten alle unsere Mädchen in etwa die gleiche Figur und Größe, sodass man nichts an dem Kleid zu ändern brauchte. Hannis Hochzeit wurde für unsere Verhältnisse ziemlich groß ausgerichtet. Nach der feierlichen Trauung in der Dorfkirche zog die ganze Hochzeitsgesellschaft – immerhin fünfunddreißig Personen – zum Mittagessen in ein Gasthaus. Damit uns das Ganze aber nicht zu teuer kam, nahmen wir das Abendessen wieder zu Hause ein – es gab belegte Mutschli, die wir bereits am frühen Morgen vorbereitet hatten. Aus der Nachbarschaft waren Stühle ausgeliehen worden, und die eine Hälfte der Gäste saß in der Küche, die andere in der Stube. Zwischendurch wechselte man auch mal von einem Raum in den anderen, sodass man sich immer wieder mit anderen Leuten unterhalten konnte.

Es wurde spät, bis wir an diesem Tag endlich ins Bett kamen. Kurz vorher stellte ich unserem Hoferben noch anzüglich die Frage: »War das nicht eine wunderschöne Hochzeit, Willi?«

»Ja, Mama, wunderschön«, betätigte er.

»Es wäre meine größte Freude, wenn ich deine Hochzeit auch noch erleben tät.«

»Die erlebst du ganz gewiss noch, Mama«, versprach er.

Vorerst aber hoffte ich auf Nachwuchs bei der Hanni, doch das wollte nicht so schnell klappen. Gewiss, es gab schon einige Enkel, die ich über alles liebte und die mir der Friedel, die Heidi und die Elsi beschert hatten. Doch die wohnten alle außerhalb, und mit Kindern von der Hanni wäre halt neues Leben in unser Haus gekommen. Wie freute ich mich, endlich nach drei Jahren einen kleinen Alfred in der Wiege zu haben. Immerhin waren es schon zweiundzwanzig Jahre her, seit meine letzten Zwillinge darin lagen, und sieben Jahre waren vergangen, seit sie unserem Enkel Martin für ein Jahr als Schlafstätte diente. Die Freude über den kleinen Erdenbürger, der auch noch in unserem Haus das Licht der Welt erblickt hatte, war riesengroß.

Als der Kleine der Wiege entwachsen war, stellten wir der jungen Familie noch eine zweite Kammer zur Verfügung. Die brauchten sie auch, denn bereits zwei Jahre nach der Geburt des Stammhalters schenkte die Hanni einem gesunden Mädchen das Leben. Und als nach weiteren drei Jahren ihr drittes Kind ankam, dachte der Willi noch immer nicht ans Heiraten.

Als das jüngste Kind bereits munter laufen konnte, hatte unser Schwiegersohn endlich eine ausreichende Summe zusammengespart, um an ein eigenes Haus zu denken – in Flüelen, wo seine Eltern ihm einen Bauplatz zur Verfügung stellten –, und wieder halfen alle verfügbaren Männer aus der Verwandtschaft mit. Jetzt war es klar, dass Hannis Tage in unserem Haus gezählt waren. Obwohl sie es zu schätzen wusste, die Mutter in greifbarer Nähe und verfügbar für die Kinderbetreuung zu haben, wollte sie möglichst bald ins eigene Heim umziehen, denn für eine Familie mit drei Kindern war es doch arg eng in den beiden Räumen.

Außerdem freute sich die häusliche Hanni schon sehr auf ihren eigenen Herd, ihren eigenen Haushalt. Nicht ohne Grund haben die Altvordern den Spruch geprägt: »Eigener Herd ist Goldes wert«. Und sie wollte weitere Kinder, woran in unserem engen Zuhause nicht zu denken war. Während unsere Tochter weiter fleißig die Vergrößerung ihrer Familie plante, tat der Willi nichts in dieser Richtung, obwohl er bereits auf die achtunddreißig zuging. Mit wachsender Sorge beobachtete ich, dass er keine Anstalten machte, uns eine Braut vorzustellen.

Eines Sonntagnachmittags, bevor er wieder mit seinen Tieren auf die Bergweide zog, beobachtete ich ihn, wie er sich liebevoll mit Hannis Kindern beschäftigte. Obwohl ich in letzter Zeit bewusst dieses Thema vermieden hatte, um ihn nicht zu verschrecken, rutschte mir die Frage heraus: »Möchtest nicht auch so was Liebes dein eigen nennen?«

»Ja, schon, Mama, dazu gehören aber zwei.«

»Ich weiß, deshalb sag ich das ja. Wenn der Sommer vorbei ist, zieht die Hanni aus. Dann steh ich ganz allein da mit der vielen Arbeit. Du weißt, ich werd nicht jünger und auch nicht gesünder. Da wär's schon gut, wenn eine tatkräftige junge Frau ins Haus käm.«

»Hast ja recht, Mama. Ich glaub, es wird wirklich allmählich Zeit, dass ich mich nach einer Frau umschau.«

Hoffentlich meinte er das auch ernst, dachte ich.

Ich wurde nicht enttäuscht. Kaum dass die Hanni zum Ende des Sommers 1970 ausgezogen war, präsentierte mir der Willi eine nette junge Frau mit den Worten: »Mutter, das ist die Gritli. Wenn du nichts dagegen hast, werden wir Ende November heiraten.«

»Ihr wollt was?« Vor Überraschung bekam ich den Mund nicht mehr zu. »Im … im …November?«, stotterte ich dann. »Du meinst diesen November? Also in zwei Monaten?«

»Ja, warum nicht? Das ist für uns doch die beste Zeit zum Heiraten.«

»Ja, du Lausbub«, sagte ich und zupfte ihn am Ohr. »Da kennst ein so nettes Maidli und hast es nicht für nötig befunden, es uns vorzustellen.«

»Wie denn? Das ging doch nicht. Ich war ja bis zur vorigen Woche auf der Alp und die Gritli ebenfalls.«

»Willst damit andeuten, dass ihr euch erst auf der Alp kennengelernt habt?«

»Genauso ist es«, bestätigte das Mädchen. »Uns gehört die Nachbaralp.«

»Und da seid ihr euch nicht früher schon begegnet?«, fragte ich ungläubig.

»Nein, all die Jahre zuvor hat mein Vater immer selbst den Älpler gemacht. Dieses Jahr aber hat er gemeint, es wär an der Zeit, dass ich ihn ablöse.«

»Wenn das so ist«, überlegte ich, »dann könnt ihr euch doch höchstens drei Monate kennen, und schon wollt ihr heiraten? Meint ihr nicht, dass das ein bisschen schnell geht?«

»Aber Mama, jetzt versteh ich dich nicht mehr. Erst redest du mir ein, dass es für mich höchste Zeit wär zu heiraten, und jetzt geht's dir auf einmal zu schnell.«

»Nun ja«, wiegte ich meinen Kopf bedenklich hin und her. »Heiraten will gut überlegt sein. Schließlich soll eine Ehe ein Leben lang halten. Da muss man doch erst prüfen, ob man zusammenpasst.«

»Mama, das mag für andere Leute gelten, für uns nicht. Als ich der Gritli am Tag nach dem Alpaufstieg begegnet bin, hat's wie der Blitz bei mir eingeschlagen. Da wusste ich, die oder keine.«

»Und mir ist es gerade so ergangen, Gründlimutter«, bestätigte das Mädchen.

»Außerdem«, erklärte mir mein Sohn, »ab da waren wir drei Monate lang täglich zusammen. Da haben wir gemerkt, dass wir zusammenpassen. Ich hab beobachtet, dass die Gritli arbeiten kann und dass sie fröhlich ist. Was will man mehr? Wenn man drei Monate lang den Alltag miteinander erlebt, lernt man sich besser kennen, als wenn man sich nur jeden Sonntag mit einem Feiertagsgesicht trifft.«

In diesem Punkt mochte er recht haben. Mein Mann und ich hatten uns bei unserer Heirat bestimmt weniger gekannt als der Willi und die Gritli.

# Wallfahrten

Es ist kaum zu glauben, aber ich einfache Bäuerin, die sonst kaum über das heimatliche Tal hinausgekommen ist, war zehnmal in dem berühmten Wallfahrtsort Lourdes in Frankreich. Zehnmal, das muss man sich vorstellen. Und besonders beim ersten Mal kam es mir wie ein Wunder vor, wie ein Gottesgeschenk – was es im Grunde genommen auch war.

Es passierte an meinem fünfzigsten Geburtstag im Jahr 1952. Bei uns wurden weder Namens- noch Geburtstage gefeiert, doch an diesem Tag überkam mich gleich nach dem Aufwachen ein eigenartiges Gefühl. Ein halbes Jahrhundert bist du nun auf dieser Erde, dachte ich. Und du hast viel Schweres und Trauriges erlebt, aber auch ebenso viel Schönes und Erfreuliches, für das du deinem Schöpfer unendlich dankbar sein musst.

Wie viele Jahre würden mir noch vergönnt sein, sinnierte ich, bevor ich mir einen Ruck gab und mich entschlossen aus dem Bett schwang, denn schließlich rief die Pflicht.

Am Nachmittag, ich war allein im Haus und saß Strümpfe stopfend am Tisch, klopfte es an der Tür, und auf mein »Herein« streckte der Pfarrer seinen Kopf in die Küche. Sofort erhob ich mich respektvoll und eilte auf ihn zu: »Aber Hochwürden, was verschafft uns die Ehre?«

»Sie sind allein, liebe Frau Eberle-Gisler?«, fragte er verwundert. »Ich dachte, ich treffe auf eine fröhliche Festtagsgesellschaft.«

»Warum sollten wir an einem ganz gewöhnlichen Donnerstag beim Feiern sein?«

»So gewöhnlich ist dieser Donnerstag doch gar nicht«, entgegnete er lächelnd. »Es ist immerhin der 17. April, oder irre ich mich da?«

»Nein, nein, Sie irren sich nicht, Herr Pfarrer.«

»Na also, dann möchte ich Ihnen ganz herzlich zum fünfzigsten Geburtstag gratulieren.« Damit ergriff er meine rechte Hand und drückte sie kräftig. Völlig überrascht fragte ich: »Ja ..., ja aber, Hochwürden. Woher wissen Sie denn das?«

»Da staunen Sie, nicht wahr? Ich habe doch oft genug ins Taufregister einen Eintrag fürs Gründlihaus machen müssen. Da hat sich das Datum 17. April 1902 schon eingeprägt«, lächelte er.

»Aber ein fünfzigster Geburtstag, Herr Pfarrer, das ist doch nichts Besonderes.«

»Doch, doch«, beharrte er. »Es ist etwas so Besonderes, dass man eine Zwischenbilanz ziehen kann.«

»Sie werden lachen, Herr Pfarrer, genau das hab ich heut Morgen gemacht.«

»Und zu welchem Resultat sind Sie gekommen?«

»Ich hab festgestellt, dass die erfreulichen Dinge in meinem Leben die negativen Ereignisse überwogen haben. Und deshalb hab ich allen Grund, unserem Herrgott zu danken.«

»Das ist eine brave Einstellung, Gründlibäuerin. Etwas anderes habe ich von Ihnen auch nicht erwartet. Und wie sich das gehört, wenn man eine

Jubilarin besucht, habe ich auch ein Geschenk für Sie im Gepäck.«

Von Gepäck konnte ich bei ihm jedoch nichts feststellen. Er kam vielmehr, wie ich unschwer erkennen konnte, mit leeren Händen. Dennoch erwiderte ich: »Aber Herr Pfarrer, mit Ihrer Andeutung bringen Sie mich direkt in Verlegenheit, weil ich doch nichts vorbereitet hab. Darf ich Ihnen wenigstens eine Tasse Kaffee anbieten?«

»Das dürfen Sie, so viel Zeit habe ich mitgebracht.« Er nahm am Küchentisch Platz, während ich echten Kaffee, damals noch eine Rarität, aufbrühte. Als die Kanne köstlich duftend vor uns stand, nahmen wir jeder einen Schluck, ehe der Pfarrer erneut das Wort ergriff: »Sie haben doch sicher schon von dem Wallfahrtsort Lourdes gehört?«

»Aber gewiss doch, Herr Pfarrer. Anfang der Dreißigerjahre hab ich in der Zeitung gelesen, dass das Mädchen Bernadette heiliggesprochen worden ist. Ihm soll im vorigen Jahrhundert in Lourdes die Muttergottes erschienen sein. Im Radio hab ich auch schon mehrfach Berichte darüber gehört. Und Sie selbst haben doch erst kürzlich in der Kirche verkündet, dass Sie mit der Pfarrei eine Wallfahrt dorthin planen.«

»Das stimmt genau. Hätten Sie nicht Lust, an dieser Wallfahrt teilzunehmen?«

»O ja, Lust hätt ich schon. Von einer Pilgerreise nach Lourdes träum ich schon seit Jahren. Aber das wird für mich wohl immer ein Traum bleiben.«

»Träume werden auch manchmal Wirklichkeit«, warf der Pfarrer mit einem verschmitzten Lächeln ein.

»Nicht bei uns. Sie wissen doch selbst, dass wir erst vor zwei Jahren unser ganzes Vieh verloren haben und wieder bei null anfangen mussten. Eine solche Reise werd ich mir nie leisten können.«

»Vorhin habe ich angedeutet, dass ich ein Geburtstagsgeschenk für Sie im Gepäck habe. Möchten Sie nicht wissen, was das ist?«

»Doch, schon. Aber ich seh nicht, dass Sie etwas dabeihaben.«

»Ja, dieses Geschenk lässt sich schlecht verpacken. Es handelt sich um eine Wallfahrt nach Lourdes.«

Für den Augenblick war ich sprachlos. Ich wusste wirklich nicht, was ich dazu sagen sollte. Einem anderen hätte ich glatt geantwortet: »Machen Sie keine Witze mit mir.« Aber zu einem Pfarrer, noch dazu einem würdigen Herrn in fortgeschrittenem Alter, konnte man so etwas doch nicht sagen. Nachdem ich mir meine Worte sorgfältig überlegt hatte, antwortete ich: »Schön wär's schon, Hochwürden, aber ein so teures Geschenk kann ich doch nicht annehmen.«

»Dieses Geschenk können sie getrost annehmen, es kommt nämlich nicht von mir persönlich, sondern von der Pfarrgemeinde.«

»Von der Pfarrgemeinde? Wie soll ich denn das verstehen?«

»Nun, es kommt gelegentlich vor, dass eine alleinstehende Person stirbt und ihr Vermögen der Kirche vererbt. Auch gibt es in unserer Pfarrei Leute, die einigermaßen wohlhabend sind und der Kirche Schenkungen zu ihren Lebzeiten machen. Einerseits tun sie das, um sich einen Platz im Himmel zu sichern, andererseits weil sie wissen, dass ich mit diesem Geld weniger begüterten Gemeindeschäfchen eine Freude machen kann. Ich denke, Ihr fünfzigster Geburtstag ist ein passender Anlass, etwas aus diesem Topf zu entnehmen.«

»Ja, wenn das so ist, Herr Pfarrer, dann nehm ich das Geschenk mit Freuden an. Wann soll's denn losgehen?«

»Unsere nächste Wallfahrt ist für Mitte Oktober geplant. Da wollen wir uns einem größeren Pilgerzug anschließen.«

»Oktober ist gut«, überlegte ich. »Bis dahin kann ich alles organisiert haben.«

Bevor sich der geistliche Herr verabschiedete, versprach er mir noch, mir das Buch »Das Lied von Bernadette« auszuleihen, sobald er es von einer anderen Pilgerfahrerin zurückhabe. »Vielleicht wollen Sie sich vorher ein bisschen mit dem Leben der Seherin von Lourdes vertraut machen«, meinte der Pfarrer.

Sobald ich das Buch in Händen hielt, stahl ich mir immer wieder eine halbe Stunde, um darin zu lesen. Ich vertiefte mich dermaßen in das Leben der armen Familie Soubirous, dass ich regelrecht mit ihnen alle Stationen durchschritt. Diese Leute waren ja noch viel ärmer gewesen als wir. Ich freute mich und litt mit der armen Bernadette, der die Gnade zuteilwurde, dass ihr die Jungfrau Maria erschien. Ich konnte es kaum noch erwarten.

Am 12. Oktober brachte mich mein Mann pünktlich zum Bahnhof, wo nach und nach andere Pilger aus unserer Gemeinde eintrafen und sich um den Pfarrer scharten. Als ich dann im Zug saß und meinen Mann so verlassen auf dem Bahnsteig stehen sah, wäre ich am liebsten wieder ausgestiegen und hätte gesagt: »Sei nicht traurig, ich bleib ja da.«

Aber da ruckte der Zug schon an und verließ pfeifend den Bahnhof. Nach wenigen Minuten schon war ich vom Erlebnis der Bahnfahrt, von den vielen Tunnels und den wechselnden Landschaften sowie von den Gesprächen mit den Mitreisenden so gefangen, dass all meine Traurigkeit verflog.

War das eine lange Reise! Bisher war ich ja noch nie, bis auf die Wallfahrten nach Einsiedeln, aus dem Kanton Uri herausgekommen. Zwar wusste ich, dass meine Heimat wunderschön war – das hatte man schon in der Schule beigebracht bekommen –, aber jetzt lernte ich die Schönheiten anderer Gegenden und Länder kennen. Wir kamen an Luzern vorbei, an Solothurn und Basel, überquerten irgendwann die Grenze nach Frankreich. Das merkte ich daran, dass ein Zöllner ins Abteil trat und fragte, ob wir etwas zu verzollen hätten. Eingeschüchtert schüttelten wir die Köpfe. Nur eine vorlaute Mitreisende, die wohl schon öfters eine Lourdes-Reise mitgemacht hatte, antwortete keck: »Das sollten Sie uns lieber auf der Rückfahrt fragen.«

»Das werde ich auch tun, Madame, darauf können Sie sich verlassen«, antwortete der Beamte nicht gerade freundlich.

Weiter ging es über Dijon und Lyon und dann durchs Rhônetal. Mein Gott, was war Frankreich für ein wunderbares Land! Wir übernachteten in Avignon und besuchten vor der Weiterreise am nächsten Tag noch den berühmten Papstpalast und die Kathedrale. Wie staunte ich, dass es die nur halb fertiggestellte Brücke, die ich aus dem Lied »Sur le pont d'Avignon« kannte, wirklich gab. Wir fuhren weiter, vorbei an Städten, deren Namen ich mir nicht merken konnte, und durch schöne Landschaften, die sehr fruchtbar zu sein schienen. All das Schöne und Fremdartige sog ich gierig in mich auf in dem Gedanken, dass ich dies alles nur ein einziges Mal in meinem Leben sehen würde.

Dann waren wir endlich am Ziel der Reise in Lourdes und bezogen unser Quartier in einem netten kleinen Hotel, das mir recht gut gefiel. Nur die Toiletten muteten mich etwas komisch an. Obwohl wir zu dieser Zeit noch unser Hüsli außerhalb des Hauses hatten, wusste ich doch, dass es anderswo Porzellanschüsseln mit Wasserspülung in richtigen Bädern gab. Das hatte ich hier eigentlich auch erwartet. Stattdessen gab es in unserm Hotel nur einen Raum mit einem Loch im Boden. Zuerst wusste ich damit nichts anzufangen, bis eine erfahrene Mitreisende mich aufklärte, dass man die Füße rechts und links davon auf die kleine Plattform stellte und sich dann hinhockte. Man musste aber schon genau zielen, damit man das Loch traf.

Am nächsten Morgen ging es gleich zur Grotte. An dieser geheiligten Stätte, an der die Gottesmutter dem einfachen Mädchen Bernadette erschienen war, fühlte ich mich sehr ergriffen. Wie froh war ich, dass ich vorher das Buch gelesen hatte, denn dadurch waren mir die geheiligten Stätten schon irgendwie vertraut. Ungeheuer beeindruckend fand ich die riesige Kathedrale, die an dem Gnadenort errichtet worden war, und nahm jeden Abend an der Lichterprozession teil, die zu Ehren der Heiligen Jungfrau abgehalten wurde. Für mich war es überwältigend, mit einer Kerze in der Hand in der riesigen Menschenmenge mitzumarschieren, die sich betend und singend auf die Grotte zubewegte. Jedes Mal, wenn ich das tausendstimmige »Ave, Ave, Ave Maria« hörte, wurden mir die Augen feucht.

Auch alles andere, was uns angeboten wurde, machte ich mit. Nur in das kalte Wasser der Heilquelle ließ ich mich nicht eintauchen. Das war mir dann doch nicht ganz geheuer. Ich hielt es außerdem für unnötig, weil ich ja nicht wegen irgendeines Gebrechens, von dem ich Heilung erwartet hätte, nach Lourdes gekommen war. Allerdings füllte ich an den Zapfstellen eifrig Flaschen mit dem wundertätigen Wasser für meine Lieben daheim.

Als ich das viele Elend sah, junge Menschen, die von Geburt an oder durch Krankheit oder Unfall nahezu bewegungslos waren, in ihren Rollstühlen oder auf fahrbaren Liegen herangeschoben wurden, da wurde ich noch demütiger und dankbarer. Mir wurde so richtig bewusst, welch großes Glück ich gehabt hatte, dass meine vielen Kinder bis auf den kleinen Paul gesund zur Welt gekommen waren und keines eine Krankheit hatte durchmachen müssen, die schreckliche Folgen hinterließ. Hier sah ich nun das Unglück der ganzen Welt.

Nach unserer langen Bahnfahrt hatte ich schon gedacht, unsere Reise sei sehr weit gewesen, bis ich erkannte, dass sich hier Menschen aus allen Erdteilen und aller Herren Länder einfanden. Ich war beeindruckt von der tiefen Gläubigkeit dieser Pilger, die ungeheuere Strapazen und finanzielle Belastungen auf sich genommen hatten, um sich an die Gottesmutter in Lourdes zu wenden, sie zu verehren und ihre Hilfe zu erflehen.

Nach fünf Tagen traten wir die Heimreise an, diesmal mit Zwischenhalt in Montpellier. Ich hatte neben den Flaschen mit dem Wasser aus der Heilquelle für jedes meiner Kinder und für meinen Mann einen geweihten Rosenkranz im Gepäck. Wieder daheim, wollte das Erzählen kaum ein Ende nehmen. So erfüllt und beeindruckt war ich von all dem Schönen und Neuen, das ich erlebt hatte und von dem ich für den Rest meines Lebens zehren wollte.

Doch zehn Jahre später klopfte unser Pfarrer wieder am 17. April an meine Küchentür, diesmal allerdings im neuen Haus. Und anders als an meinem Fünfzigsten war ich jetzt über den Besuch weniger überrascht. Fast hatte ich mit seinem Kommen gerechnet. Nicht aber damit, dass ich noch einmal ein so großzügiges Geschenk erhalten würde. Nachdem Hochwürden seine Glückwünsche ausgesprochen hatte und wir gemütlich bei einer Tasse Kaffee saßen – diesmal stand sogar ein Kuchen auf dem Tisch –, fragte er mich, ob ich nicht Lust hätte, nach Rom zu fahren.

»Wenn Sie damit andeuten wollen, dass Sie mir wieder ein so hochherziges Geburtstagsgeschenk machen möchten, würde ich, falls ich die Wahl habe und es nicht zu unbescheiden klingt, mir lieber noch einmal eine Reise nach Lourdes wünschen«, gab ich zur Antwort.

»Wieder nach Lourdes?«, fragte er ungläubig. »Das hätte ich nicht gewagt, Ihnen anzubieten, weil Sie das ja schon kennen.«

»Kennen ist zu viel gesagt. Ich war einmal dort, aber das ist zehn Jahre her. Da hat man wieder einiges vergessen. Außerdem kann man die Stätte, die unsere liebe Gottesmutter mit ihren Füßen berührt hat und von der so viel Gnade ausströmt, gar nicht oft genug besuchen.«

»Ja, wenn das so ist, liebe Gründlibäuerin, dann soll Ihr Wunsch erfüllt werden. Sie sind also im Oktober wieder mit dabei?«

»Vielen, vielen Dank, Herr Pfarrer. Dieses Geschenk nehm ich nur zu gerne an.«

So kam es, dass ich zehn Jahre nach der ersten an einer zweiten Wallfahrt nach Lourdes teilnahm, die mich nicht weniger beeindruckte als die von 1952. Ja, es war eher noch beeindruckender, weil es ein bisschen wie »nach Hause kommen« war. Vieles hatte sich aber auch geändert, war gewaltiger geworden, auch die Stadt selbst. Überall waren große Hotels entstanden, was mich zunächst ein bisschen befremdete, aber natürlich notwendig war, denn die Pilgerscharen zum Gnadenort hatten stark zugenommen. An jeder Ecke fanden sich jetzt Kioske und Andenkenläden, in denen man die kitschigsten Sachen kaufen konnte wie Plastikmadonnen, denen man den Kopf abschrauben und dann geweihtes Wasser einfüllen konnte. Diese Auswüchse fand ich ganz schrecklich, doch es gab zum Glück auch solide Devotionalien, zum Beispiel Rosenkränze aus Naturholzperlen. Daher versäumte ich es nicht, für meine Enkelkinder solche zu kaufen und sie in der Basilika unserer Lieben Frau weihen zu lassen.

Drei Monate später war Weihnachten. Wie alljährlich versammelten sich sämtliche Kinder und Enkel in unserer Stube unterm Weihnachtsbaum. Verwundert stellte ich fest, dass auf meinem Gabentisch nicht die üblichen Geschenke lagen. Seit die Zeiten für uns besser geworden waren, gab es meist für mich kleine Aufmerksamkeiten wie eine Schachtel Pralinen, eine Packung Taschentücher oder einen Gutschein für ein Kleidungsstück oder ein Paar Schuhe. Nachdem wir einige Lieder gesungen und das Weihnachtsevangelium gehört hatten – eine meiner Enkelinnen hatte es aus der alten Familienbibel vorgelesen –, entdeckte ich bei näherem Hinsehen auf meinem Platz zwölf Briefkuverts. Von den Kindern und meinem Mann je eines.

Gespannt öffnete ich den obersten Umschlag. Ein Geldschein lag darin und ein kurzes Begleitschreiben, das in etwa den Wortlaut hatte: »Liebe Mutter, da du so eine begeisterte Wallfahrerin bist, sollst du nicht warten müssen, bis du siebzig bist, um noch einmal nach Lourdes zu kommen. Diese bescheidene Anzahlung soll es dir ermöglichen, dir diesen Wunsch schon wesentlich früher zu erfüllen.« Schmunzelnd legte ich das Kuvert beiseite und öffnete das nächste. Wieder ein Geldschein, wieder ein Begleitschreiben. So ging das weiter. In jedem Umschlag fand ich einen größeren oder kleineren Geldschein mit Begleitbriefchen, die sich alle auffallend ähnelten. Vor lauter Rührung wusste ich gar nicht, was ich sagen sollte. Als ich aufschaute, blickte ich in lauter erwartungsvolle Gesichter. »Ich danke euch allen sehr herzlich. Das ist wirklich ganz lieb von euch. Das ist das schönste Geschenk, das ihr mir machen konntet.«

Am darauffolgenden Muttertag im folgenden Frühling fand ich auf dem Kaffeetisch wieder zwölf Kuverts mit Geldscheinen vor. »Jetzt hab ich schon so viel Geld beisammen, dass ich fast im kommenden Oktober mit nach Lourdes fahren könnte«, rief ich begeister in die Runde meiner Kinder und Enkel, die mit selbst gepflückten Blumen zum Nachmittagskaffee erschienen waren.

»Wie viel fehlt denn noch?«, erkundigte sich der Willi, der inzwischen hauptsächlich den Hof bewirtschaftete.

»Ja, so gut fünfzig Fränkli«, antwortete ich leichthin, nicht ahnend, was ich damit auslösen würde. Mein Sohn eilte nach draußen und kam mit seinem Arbeitshut zurück. Diesen hielt er jedem seiner Geschwister unter die Nase und sagte: »Eine milde Gabe für eine fromme Lourdes-Pilgerin.«

Alle lachten. Dann öffneten meine Söhne und mein Mann, die ihre Geldsäckli in der Hosentasche trugen, diese sogleich und kamen der Aufforderung nach. Meine Töchter und Schwiegertöchter sprangen auf, suchten nach ihren Handtaschen und machten sich darin zu schaffen. Nachdem der Hut die Runde gemacht hatte, überreichte ihn mir der Willi: »Nun dürfte es für deine Wallfahrt reichen.«

Rasch zählte ich den Betrag: Es waren über hundert Franken zusammengekommen. »Jetzt reicht's sogar noch für ein paar Mitbringsel«, stellte ich mit Tränen der Rührung fest.

Unser Pfarrer war nicht wenig erstaunt, als ich am übernächsten Tag im Pfarrhaus erschien, um mich für die nächste Wallfahrt anzumelden.

»Nanu, Frau Eberle-Gisler, Sie werden doch nicht etwa schon siebzig?«

»Nein«, lachte ich. »Bis dahin hat's noch eine Weile Zeit.« Dann erzählte ich ihm, wie ich zu dem Reisegeld gekommen war.

»Allen Respekt, Sie haben großartige Kinder.«

Was soll ich sagen? In den folgenden Jahren gab es zu jedem Weihnachtsfest und zu jedem Muttertag so üppige Geldgeschenke von meiner Familie, dass ich alljährlich die Lourdes-Wallfahrt mitmachen konnte.

»Wird Ihnen das nicht langsam zu langweilig?«, fragte mich eines Tages der Pfarrer bei der Anmeldung. »Es gibt doch so schöne andere Wallfahrtsorte. Wollen Sie nicht mal zur Abwechslung nach Rom oder Fátima?«

»Nein, Herr Pfarrer. Danach hab ich kein Verlangen. Lourdes ist mir, obwohl es stetig wächst, lieb und vertraut geworden, und es ist mir, als ob mir die Gottesmutter dort jedes Mal sagt: ›Komm bald wieder.‹«

Der Pfarrer schmunzelte und trug mich in die Liste ein. So blieb alles beim Alten. Nur dass sich nach einigen Jahren der Reisetermin änderte. Der Pfarrer meinte, da ja überwiegend ältere Personen mitführen, die in der Landwirtschaft nicht mehr viel ausrichten würden, könnten wir unsere Pilgerfahrt auch im Mai machen, was natürlich neue Reize bot. Während wir im Herbst immer an abgeernteten Feldern und sich bunt färbenden Wäldern vorbeigekommen waren, fuhren wir nun in den lachenden Frühling hinein.

Überall regte sich frisches Grün, in den höheren Lagen blühten die Obstbäume noch, und die Wiesen standen im schönsten Blumenschmuck.

Im Mai 1970 fuhr ich zum zehnten Mal nach Lourdes. Wieder war es wunderschön und unverändert beeindruckend. Wie immer, wenn ich vor der Grotte betete, hatte ich das Gefühl, dem Himmel ganz nahe zu sein. Auf der Rückeise aber fühlte ich mich müde und total erschöpft. Das Alter machte sich eben doch bemerkbar. Es sollte wohl meine letzte Reise gewesen sein. Zehnmal war eine schöne, runde Zahl, mehr musste es nicht sein. Inzwischen hatte ich auch das Gefühl, Lourdes wirklich zu kennen, und die Erinnerungen mussten für den Rest meines Lebens reichen.

# Das letzte Kapitel, erzählt von Tochter Hanni

Wie froh sind wir alle noch heute, dass wir Kinder und unser Vater die Idee gehabt haben, der Mutter alljährlich eine Lourdes-Reise zu ermöglichen. So brauchte sie nicht darauf zu warten, dass ihr der Pfarrer zu ihrem siebzigsten Geburtstag wieder eine schenken würde. Da wäre es für sie zu spät gewesen.

Seit einigen Jahren war unsere Mutter häufig kränklich. Deshalb dachten wir uns nichts dabei, als sie eines Tages zu husten anfing. Ich besuchte sie in dieser Zeit täglich und kochte ihr, um ihr Linderung zu verschaffen, Holundertee und gab ihr löffelchenweise Honig. Doch der Husten wollte nicht weichen. Dennoch dachten wir an nichts Böses, zumal sie, obwohl es ihr schwerfiel, nach meinem Auszug weitgehend ihren Haushalt allein besorgte.

Eines Morgens Anfang November 1970, einige Wochen vor seiner geplanten Hochzeit, arbeitete mein Bruder Willi im Stall, als unser Rudi aufgeregt zu ihm gerannt kam. »Willi, komm schnell, die Mama ist in der Waschküche zusammengebrochen!«

Die beiden trugen die Bewusstlose in die Stube und betteten sie aufs Kanapee. Zum Glück gab es zu dieser Zeit schon Telefon im Haus, sodass wir gleich den Hausarzt rufen konnten. Als er eintraf, ging es der Mutter schon wieder besser. Sie war bei

Bewusstsein und konnte ihm sagen, dass sie einen leichten Druck im Brustkorb verspüre. Sorgfältig horchte er Herz und Lunge ab, konnte aber keine Unregelmäßigkeiten feststellen. Sie solle sich schonen, lautete sein Rat, bevor er das Haus verließ. Diesen Rat befolgte sie zwar, fühlte sich aber von Tag zu Tag müder und matter und klagte über zunehmende Schmerzen in der Brust.

Weil es der Mutter so schlecht ging, verschob der Willi seine Hochzeit auf unbestimmte Zeit. Dabei wäre es gerade jetzt nötig gewesen, eine junge, tüchtige Frau ins Haus zu bekommen. Ich schaute zwar jeden Tag nach der Mutter, war aber gerade nicht so belastbar, weil ich kurz vor der Niederkunft meines vierten Kindes stand.

Damit das Leben im Gründli irgendwie weiterging, wechselten sich meine Schwestern, die inzwischen alle aus dem Haus und verheiratet waren, mit der Versorgung der Eltern und des Bruders ab. Jeden Tag kam eine von ihnen für ein paar Stunden ins Elternhaus, um das Notwendigste zu erledigen. Vor allem auch, um die Mutter zu pflegen. Der Arzt schaute hin und wieder herein, schüttelte den Kopf und ging seiner Wege.

Als die Schmerzen der Mutter immer unerträglicher wurden und sie über Atemnot klagte, ergriff unser Bruder Toni die Initiative. Er schraubte in seinem Auto die Rückenlehne des Beifahrersitzes so weit nach hinten, dass man nahezu flach liegen konnte, polsterte den Sitz mit Decken und Kissen aus und bettete die Mutter darauf. Meine Schwester Ursi und ich setzten uns hinten in den Wagen, und der Toni chauffierte uns zum Spital nach Altdorf. Dort wurde die Mutter zunächst einmal geröntgt, und dabei entdeckte man zwischen Lunge und Herz einen Schatten. Der untersuchende Arzt erklärte uns, dass dies ein kirschgroßer Tumor sei und die Schmerzen in der Brust sowie die Atemnot verursache. Leider könne man jedoch nicht operieren.

»Aber irgendetwas muss man doch tun können«, sagte ich verzweifelt. »Man kann die Frau doch nicht einfach ersticken lassen. Außerdem müssen die unerträglichen Schmerzen gelindert werden. Bisher hat sie immer tapfer versucht, sich nichts anmerken zu lassen. Aber in den letzten Tagen hat man ihre Schmerzensschreie vom Parterre bis unters Dach gehört.«

»Eine Möglichkeit gäbe es noch«, räumte der Arzt ein. »Vielleicht hilft Bestrahlen. Das ist bei uns jedoch nicht möglich. Dazu müsste Ihre Mutter nach Luzern.«

»Dann bringen wir die Mutter eben nach Luzern«, entschied der Toni. Er lud uns alle drei wieder ins Auto und fuhr die Mutter ins Luzerner Spital, wo sie einige Wochen regelmäßig bestrahlt wurde. Nach dreißig Bestrahlungen hatten die Schmerzen der Mutter weitgehend nachgelassen, und sie nahm wieder mehr Anteil am Leben, freute sich besonders über die Geburt meines Kindes.

Die Behandlung galt als abgeschlossen. Bevor man sie nach Hause entließ, machte man abermals eine Röntgenaufnahme, die dann zeigte, dass der Tumor tatsächlich geschrumpft war und nur noch die Größe eines Stecknadelkopfes hatte. Nach diesem günstigen Bescheid hegten wir alle die Hoffnung, dass die

Mutter wieder gesund würde. Bei der Entlassung sagte man uns, sie solle sich in drei Monaten wieder zur Kontrolle einfinden.

Dazu kam es aber nicht mehr. Zu Hause verschlechterte sich ihr Zustand erneut rapide, und ihre Schmerzen konnten nur noch mit starken Medikamenten auf ein erträgliches Maß gesenkt werden. Ins Krankenhaus wollte sie jedoch nicht mehr. »Ich hab nicht mehr lang zu leben. Lasst mich diese Zeit mit euch verbringen und nicht im Spital«, bat sie.

Diesem Wunsch entsprachen wir. Wir Töchter wechselten uns fortan in der Pflege ab, und jede versuchte, der Mutter das Leben so erträglich wie möglich zu machen. Ab Weihnachten waren wir nur noch zu dritt, weil die Ursi Ende Dezember ihr zweites Kind erwartete. Pünktlich setzten auch am Abend des 30. Dezember die Wehen ein, und eine halbe Stunde vor Mitternacht tat ein ziemlich leichtgewichtiger Bub seinen ersten Schrei. »Da muss noch eins kommen«, konstatierte die Hebamme. Und richtig: Eine Stunde später ertönte ein weiterer Schrei, diesmal von einem Mädchen. Somit hatten die Kinder an unterschiedlichen Tagen Geburtstag. Einen Tag später, und auch das Geburtsjahr wäre ein anderes gewesen. Über die glückliche Geburt von Zwillingen freute sich unsere Mutter besonders. »Zwillinge hat sie also bekommen. Zwillinge sind doppeltes Glück«, sagte sie.

Anfang April 1971 versammelte sie dann alle Kinder um ihr Krankenlager, um von ihnen Abschied zu nehmen. Mit matter Stimme und einem schwachen Lächeln hatte sie für jedes ein paar ermunternde

Worte wie »Du bist auf einem guten Weg, mach weiter so« oder »Bleib brav und danke dem Herrgott für alle seine Wohltaten«.

Als die Reihe an ihren Zweitgeborenen, den Willi kam, nahm ihr Gesicht einen besorgten Ausdruck an. In nahezu beschwörendem Tonfall sprach sie auf ihn ein: »Willi, du bist der Einzige, um den ich mir Sorgen mach, weil du noch unverheiratet bist.«

»Aber der Rudi ist doch auch noch ledig«, brachte er zu seiner Verteidigung hervor.

»Der Rudi ist zehn Jahre jünger als du. Er hat noch ein paar Jahre Zeit. Außerdem ist das bei dir was anderes. Du bist der Bauer, und auf den Hof gehört eine Bäuerin. Du kennst doch so ein nettes Mädchen. Willst die Gritli nicht endlich zum Altar führen?«

»Ja, Mutter, das will ich schon. Du weißt selbst, dass der Termin eigentlich für Ende November festgelegt war. Wir haben doch die Hochzeit nur verschoben, um abzuwarten, bis es dir wieder besser geht.«

»Willi, es wird nicht mehr besser. Tu mir den Gefallen und heirate so bald wie möglich. Ich möcht noch erleben, dass eine junge Frau ins Haus einzieht. Erst dann kann ich in Ruhe die Augen schließen.«

Diesem Wunsch der Todgeweihten kam der Sohn nach. Zwei Wochen später, am 1. Mai, fand die Hochzeit auf dem Gründlihof statt. Nach der stillen Trauung in der kleinen Dorfkirche, an der die Eltern der Braut und ihre Geschwister teilgenommen hatten sowie unser Vater und einige andere Mitglieder unserer Familie, begab man sich in unser Elternhaus. Auf ihren Wunsch hin war die Mutter, bevor die Hochzeitsgesellschaft eintraf, auf das Kanapee in der Stube gebettet worden. Das Brautpaar kniete sich vor sie hin und erbat ihren Segen. »Den geb ich euch gern. Heut habt ihr mir eine große Freude gemacht. Möge der Herr euch euer ganzes Leben lang begleiten, eure Ehe mit Kindern segnen und euch alles zum Wohle gedeihen lassen.«

Während anschließend die kleine Gesellschaft um den großen Tisch saß und sich das Hochzeitsmahl schmecken ließ, schaute die Mutter verklärt lächelnd zu, schloss zwischendurch immer wieder mal die Augen, als wolle sie Kraft schöpfen für die nächsten Minuten. Bei Einbruch der Dunkelheit löste sich die Gesellschaft auf. Die Eltern der Braut mussten heim zur Stallarbeit auf ihrem Hof, und bei uns erledigten das an diesem Abend zwei von meinen Brüdern, um den Frischvermählten einen freien Abend zu verschaffen.

Die Mutter wurde wieder hinauf in ihre Kammer getragen, wo ich sie für die Nacht zurechtmachte. Als die Gritli am nächsten Morgen an ihr Bett trat, um sie zu versorgen, blickte sie die neue Schwiegertochter überrascht an und fragte: »Hast du gestern wirklich unseren Willi geheiratet, oder hab ich das nur geträumt?«

»Das stimmt schon, Mutter«, antwortete sie. »Seit gestern bin ich die Bäuerin auf dem Gründlihof.«

»Das ist gut«, sagte die Mutter, tastete nach der Hand der Gritli und hielt sie einige Augenblicke fest.

Da die Pflege der Mutter sich zunehmend schwieriger gestaltete, richteten wir es so ein, dass in den Morgen- und Abendstunden eine von uns Töchtern beim Betten half. Am 5. Mai war ich dran. Als ich mit meiner Schwägerin die Kammer betrat, sah es so aus, als ob die Kranke schlief. »Mutter, die Hanni ist da«, machte ich mich bemerkbar, um sie aufzuwecken. Da keine Reaktion erfolgte, griff ich nach ihrer Hand und merkte, dass sie sich ganz kalt anfühlte. So war unsere Mutter ganz leise und völlig unbemerkt hinübergeschlummert in ein neues Leben.

Wir Kinder waren alle sehr gefasst; hatten wir doch das baldige Ende kommen sehen. Jedes von uns hatte sich zudem ein eigenes Leben aufgebaut, sodass niemand mehr der mütterlichen Fürsorge bedurfte. Anders unser armer Vater! Seine Welt brach mit dem Tod seiner Frau zusammen. Über vierzig Jahre war sie sein Lebensinhalt gewesen, seine Zuflucht, seine Geborgenheit, seine treue Kameradin, die mit ihm alle Schicksalsschläge gemeistert hatte.

Es war ein langer Trauerzug, der sich vom Gründlihaus in Richtung Pfarrkirche bewegte. Es war der Muttertag, als wir sie zu Grabe trugen. Ein passendes Datum, denn zu ihren Lebzeiten waren wir an diesem Tag immer zusammengekommen und hatten ihr mit kleinen Geschenken und Blumen für ihre unerschöpfliche Liebe gedankt. Nun konnten wir nur noch Blumen und Kränze auf ihr Grab legten. Der Pfarrer, mittlerweile ein alter Herr, der unsere Mutter über viele Jahre ihres Lebens begleitet hatte, fand wunderbare Worte, um ihre Verdienste um die Familie hervorzuheben und uns Trost zu spenden.

Den Tag der Beerdigung überstand unser Vater noch erstaunlich gut, aber danach ging es mit ihm bergab. Wir bemühten uns alle sehr um ihn, luden ihn reihum in unsere Familien ein, um ihn ein wenig von seiner Trauer abzulenken. Sicher, er lachte und spielte mit seinen Enkeln und freute sich mit seinen Kindern über deren Glück und Erfolge, aber immer wieder kam der Seufzer über seine Lippen: »Schade, dass eure Mutter das nicht mehr erleben kann.«

So verfiel er mehr und mehr. Ohne seine geliebte Frau sah er keinen Sinn mehr in seinem Leben. Gewiss, er freute sich, dass bei mir zwei weitere Kinder ankamen, und er war glücklich, dass ihm sein Erbe, der Willi, in drei aufeinanderfolgenden Jahren drei stramme Buben in den Arm legte, wobei es ihn besonders stolz machte, dass der erste dieser Enkel nach ihm Anton benannt wurde. Gerührt nahm er auch zur Kenntnis, dass der zweite zur Erinnerung an unsere Mutter Johanna den Namen Johann erhielt. Und auch über den kleinen Wilhelm oder Willi freute er sich noch. Aber bei jedem freudigen Ereignis sagte er wehmütig seufzend: »Wenn das doch die Hanni noch hätt erleben können.«

Und dann begann er von früheren Zeiten zu erzählen, stellte uns Kindern und seinen älteren Enkeln unsere Mutter als leuchtendes Vorbild hin, die trotz aller Mühen und Plagen nie verzagt habe. Sein Glaube an ein Wiedersehen nach dem Tod war unerschütterlich, und so wurde seine Sehnsucht zu sterben immer größer. Am 25. Oktober 1974 war es dann so weit: Der Herr erlöste ihn von aller Trauer und aller Pein. Am Morgen fanden wir den Vater tot im Bett vor, ohne dass er ernstlich krank gewesen wäre. Auch ihn begleiteten viele Menschen auf seinem letzten Weg, und auch für ihn fand unser alter Pfarrer bewegende Worte, würdigte sein segensreiches Wirken und hob seine Verdienste für die Gemeinde hervor. Es war uns ein großer Trost in der schmerzlichen Stunde des Abschieds.

Wie oft hatte der Vater geseufzt: »Wenn das eure Mutter noch erlebt hätte«. Manchmal aber ist es auch so, dass einem Menschen vieles erspart bleibt. Das dachten wir zumindest etliche Jahre nach dem Tod der Eltern, als ein großes Unglück den Gründlihof heimsuchte. Da waren wir froh, dass die Mutter und der Vater das nicht mehr erleben mussten, denn es hätte ihnen das Herz gebrochen.

Es war 1987, in der Nacht zum 24. August, als mein Bruder Willi durch ein gurgelndes, klatschendes Geräusch aus dem Schlaf gerissen wurde. Ohne sich lange zu besinnen, sprang er aus dem Bett, rannte im Nachtgewand aus der Kammer und schrie: »Anton! Anton! Wir haben Wasser im Haus.«

Wie elektrisiert sprang der älteste Sohn, mittlerweile fünfzehn Jahre alt, aus dem Bett und folgte seinem Vater ins Erdgeschoss. Dort reichte ihnen das Wasser schon bis zu den Hüften und schien in beängstigendem Tempo zu steigen. Ihr Ziel war der Stall, der etwas tiefer gelegen war als das Wohnhaus. Es gelang ihnen gerade noch, die Stalltür aufzureißen und die ersten drei Kühe loszumachen, dann mussten sie sich selbst in Sicherheit bringen, denn im Nu stand ihnen das Wasser bis zum Hals. Die befreiten Kühe schwammen in der Dunkelheit um ihr Leben und erreichten eine kleine Anhöhe, auf der man sie am nächsten Morgen unbeschadet vorfand. Alle anderen von über zwanzig Rindern, die damals im Stall standen, ertranken jämmerlich. Die beiden

Schweine glaubte mein Bruder ebenfalls verloren. Aber nach acht Tagen fand man eines von ihnen quicklebendig wieder. Offenbar hatte es die Zeit auf dem Heuboden des Nachbarn verbracht. Wie es ihm gelungen war, dem Inferno zu entkommen, blieb allerdings ein Geheimnis.

Nachdem Vater und Sohn die drei Kühe losgebunden hatten, flüchteten sie sich schnellstens wieder in den ersten Stock des Wohnhauses, um sich abzutrocknen und anzuziehen. Auch Willis Frau und die beiden anderen Söhne waren inzwischen aufgewacht, und den Rest der Nacht verharrte die Familie in der Kammer der Eltern, stets auf dem Sprung und angestrengt nach draußen lauschend. Erst nach Tagesanbruch konnten sie von der Feuerwehr mit einem Boot in Sicherheit gebracht werden und fanden vorerst Unterschlupf bei Geschwistern, die vom Hochwasser verschont geblieben waren. Bei uns wurde für einige Monate der dreizehnjährige Willi einquartiert, der altersmäßig genau zu unserem Sepp passte.

Im Laufe des Vormittags erfuhren wir endlich, was geschehen war. Nach tagelang anhaltenden, heftigen Regenfällen war der Damm der Reuß oberhalb des Nachbardorfs gebrochen, und das ungebändigte Wasser hatte in Minutenschnelle Attinghausen und Seedorf überflutet. Willis Hof war also nicht als Einziger durch die Flutwelle zu Schaden gekommen. Viele Bauern in den beiden Dörfern verloren in dieser Nacht ihr gesamtes Vieh, und bei vielen waren Schäden an Stall und Wohnhaus entstanden. Menschenopfer waren Gott sei Dank nicht zu beklagen. Ein Glück war nur, dass der Willi und seine Familie in einem solide gebauten Haus wohnten. Das alte Haus, das in den Fünfzigerjahren abgerissen worden war, hätte dem Andrang der Wassermassen gewiss nicht standgehalten, sondern wäre höchtswahrscheinlich wie ein Kartenhaus in sich zusammengestürzt und hätte die ganze Familie in den Tod gerissen.

Trotz des enormen Verlustes an Vieh und trotz der Schäden an den Gebäuden musste der Willi dem Himmel dankbar sein. Denn erst als das Wasser wieder abgeflossen war, erkannte man, in welcher Gefahr er sich in jener Nacht mit seinem Sohn befunden hatte bei dem Versuch, die Tiere zu retten. Denn durch den Wassereinbruch war die Bohlenabdeckung der Jauchegrube, die sich in der Nähe der Stalltür befand, weggeschwemmt worden. Es mutet wirklich wie ein Wunder an, dass die beiden vor dem Betreten des Stalles im Dunkeln und im Wasser watend dort nicht hineingestürzt sind. Ein ganzes Heer von Schutzengeln muss seine Hände schützend über sie gehalten haben.

Im Dorf setzte bald ein Rätselraten ein, wie so etwas hatte passieren können, dass der Damm des Flusses brach. Selbst die ältesten Einwohner konnten sich nicht daran erinnern, dass so etwas vorher schon passiert war. Allerdings wussten sie noch, dass die Reuß sich früher in vielen Windungen durch die Felder geschlängelt und diese bisweilen überschwemmt hatte. Und auch, dass es früher kleinere Bachläufe und Wassergräben gab, die jedes Jahr bei starken Regenfällen und bei der Schneeschmelze über die Ufer getreten waren, ohne jedoch nennenswerten Schaden anzurichten. In den Fünfzigerjahren aber war man darangegangen, den Fluss zu begradigen, die Gräben zuzuschütten und die kleineren Bachläufe auf direktem Weg in die Reuß zu lenken, um auf diese Weise zusätzliches Nutzland zu gewinnen. Dieser Eingriff in die Natur hatte sich nun bitter gerächt.

Dabei hatte man sich ganz sicher gefühlt, denn schließlich waren Dämme gebaut worden, um die Dörfer zu schützen, doch man hatte diese offensichtlich nicht mit der nötigen Sorgfalt kontrolliert und erneuert. Erst nach dem Unglück wurde das Versäumte nachgeholt. Aber ob die neuen, höheren und stabileren Deiche auf Dauer den Naturgewalten trotzen können, das bezweifelt manch einer. Trotzdem haben die Menschen ohne Zögern ihre Häuser renoviert oder neu gebaut und wieder ihren Alltag in Angriff genommen – dabei hoffend, dass so ein Unglück nie wieder passiert.

Es dauerte drei bis vier Monate, bis die Menschen wieder in ihre Häuser zurückkehren konnten. Viele mussten wieder ganz von vorn anfangen. Zum Glück gab es dazu staatliche Hilfen. Weil viele nichtbetroffene Menschen im ganzen Land großzügig gespendet hatten, waren viele Millionen Franken zusammengekommen.

# Nachlese

Statt eines Nachworts sollen zur Abrundung der Lebensgeschichte der Bergbäuerin Johanna Eberle-Gisler noch eine ihrer Nichten und drei ihrer Kinder zu Wort kommen.

*Nichte Emma*
»Meine Tante Hanni war mir die liebste Tante überhaupt, und ich hatte von beiden Seiten immerhin eine Menge Tanten. Mütterlicherseits gab es sechs, und vom Vater her kamen noch sieben dazu. Ich war immer sehr gerne in Tante Hannis Familie, denn dort herrschte eine solche Harmonie, wie ich sie nie wieder irgendwo beobachtet habe. Gewiss, die Kinder haben auch mal gezankt, wie das überall üblich ist. Aber Tante Hanni verstand es stets, mit wenigen Worten den Frieden wiederherzustellen, einfach durch ihre gütige Art, durch einen lieben Blick.

Trotz ihrer vielen Arbeit, in dem Gewirr und Gewimmel inmitten der Kinder, blieb sie immer die Ruhe selbst. Sie wirkte nie nervös oder überlastet – und das, obwohl ihr Tagewerk sicher sehr früh begonnen hat. Eine ihrer Nachbarinnen erzählte mir mal, dass sie, als sie an einem schönen Sommertag ihre Wäsche um fünf Uhr in der Früh in den Garten hängen wollte, nur so gestaunt habe, weil die Wäsche der Hanni bereits im Wind flatterte, auf der längsten

Wäscheleine, die sie je gesehen habe. Ja, wenn man gleichzeitig vier Kinder in Windeln hat, dann kommt schon einiges zusammen.«

*Sohn Walter*

»Jedes von uns Kindern hatte das Gefühl, die Mutter liebt uns, obwohl ihr sehr wenig Zeit blieb, uns das zu zeigen. Da sie stets alle Hände voll zu tun hatte mit den Babys und Kleinkindern, kam es sehr selten vor, dass sie mal eines von den Größeren auf den Schoß nahm und an sich drückte, obwohl sich das wohl jeder von uns gewünscht hat. Aber alle sahen ein, dass die Mutter das zeitlich nicht schaffte. Man war daher schon selig, wenn sie einem mal liebkosend über den Kopf strich oder einem anerkennend auf die Schulter klopfte. Wir sind in keiner Hinsicht verwöhnt worden, weder in materieller Hinsicht noch mit Zuwendung. Und doch ist aus uns allen etwas Ordentliches geworden. Es war die innere Einstellung, die stimmte, die uns zu selbstbewussten Menschen formte und für das Leben stark machte.«

*Sohn Anton*

»Das, was man heute verlangt, dass Kinder ständig von der Mutter umsorgt und gehätschelt werden, das war in unserer Familie einfach nicht möglich. Das kann man unserer Mutter auch nicht verübeln. Trotzdem vermittelte sie uns Nestwärme, das spürten wir genau – sicher auch ein Grund, warum wir alle so lange wie möglich zu Hause wohnen blieben. Tagsüber ging man seiner Arbeit nach und freute sich auf die Geborgenheit daheim. Die Mutter hat sich stets um alle Kinder gleichmäßig gekümmert, keines ist bevorzugt, keines benachteiligt worden. Niemand von uns hatte je den Eindruck, das Lieblingskind zu sein. Ebenso fühlte sich jedoch auch keines von uns von ihr in die Ecke gedrückt.«

*Tochter Hanni*
»Sie war immer eine gute Mutter und äußerst gerecht. Wir mussten zwar von klein auf alle hart arbeiten, aber wir sahen ein, dass das zum Erhalt der Familie notwendig war. Die ganze Arbeit für eine dreizehnköpfige Familie allein zu machen, war für eine einzelne Person unmöglich. Nie habe ich allerdings das Gefühl gehabt, dass wir überfordert wurden. Die Mutter dagegen, so sehe ich das aus heutiger Sicht, muss sich oft überfordert gefühlt haben, was sie sich jedoch nie anmerken ließ. Sie war immer gleichbleibend freundlich und schien immer gut gelaunt, selbst noch in der Zeit, als sie bereits leidend war. Wenn es Heilige in unserer Zeit geben sollte, dann gehört unsere Mutter mit Sicherheit dazu.«

# Stammtafel der Familie Eberle-Gisler

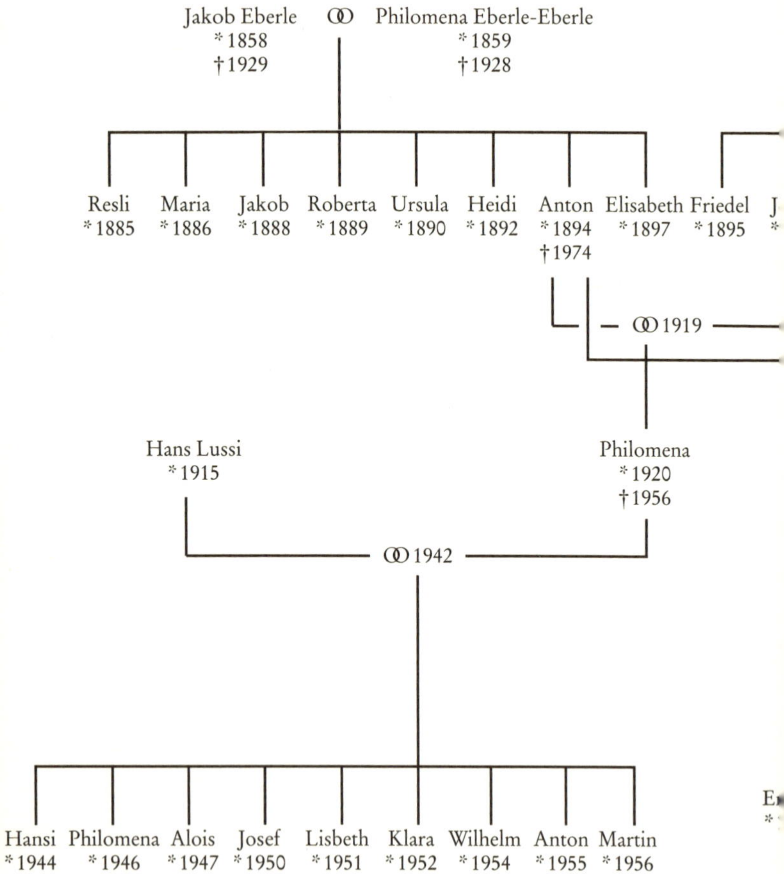

Friedrich Gisler *1869 †1951 ⚭ Rosa Gisler-Müller *1873 †1942

a
8
0

Anna *1900

Hanni *1902 †1971

Jakob *1903

Klaus *†1905

Walter *1906

Grit *†1908

Peter *1909

Willi *1912

Klara *1915 †1916

Resli *1916

⚭ 1930

Friedel *1931

Willi *1932

Peter Paul *1934

Heidi *1935

Heini Elsi *1937

Walter Hanni *1938

Toni *1940

Rudi Ursi *1942

udolf *1935

Josi *1937

# Von Roswitha Gruber bereits erschienen:

**Erlebnisse einer Berghebamme**
264 Seiten
ISBN 978-3-475-54026-4

In diesem Buch erzählt Roswitha Gruber aufs Neue authentisch und lebendig aus dem Leben der Geburtshelferin Marianne. Wieder hat sie viele interessante Begebenheiten aus deren Berufsalltag erfahren. Aus jedem Wort spricht Mariannes Begeisterung für ihren Beruf und ihre Liebe zum Menschen.

**Tagebuch einer Berghebamme**
288 Seiten
ISBN 978-3-475-53981-7

Der Erfahrungsbericht beruht auf Erzählungen von Marianne, die 35 Jahre als Hebamme in den österreichischen Bergen tätig war. Sie war bei Wind und Wetter, zu jeder Tages- und Nachtzeit zur Stelle, wenn es darum ging, Mutter und Kind die Geburt zu erleichtern.

**Erinnerungen einer Bergbäuerin**
304 Seiten
ISBN 978-3-475-54003-5

In den Büchern von Roswitha Gruber wird Zeitgeschichte lebendig. Hier erzählt sie die Geschichte der Bergbäuerin Sabine: von ihrem schweren, arbeitsreichen Leben, aber auch von ihrem größten Reichtum: ihren zehn Kindern, mit denen sie Aufregendes, Schmerzliches, aber vor allem viele wunderschöne Stunden erlebt.

**Aloisia – Eine Hebamme spielt Schicksal**
352 Seiten
ISBN 978-3-475-53874-2

Gleich zwei Frauen liegen in einem kleinen Münchener Krankenhaus in den Wehen. Aloisia ist bei den komplizierten Geburten überfordert und trifft eine eigenmächtige Entscheidung, die über viele Jahre ihr Gewissen belasten wird. Erst als sie 94 Jahre alt ist, kommt die Wahrheit durch einen sonderbaren Zufall ans Licht.

**Mein Leben als Berghebamme**
256 Seiten
ISBN 978-3-475-53918-3

Durch jahrelanges und intensives Zuhören konnte Roswitha Gruber viele bewegende Schicksale erfahren. Geschichten voller Hoffnung, Freud und Leid erzählen authentisch aus dem bewegten Hebammenleben. Marianne hat über 3000 Kindern geholfen, das Licht der Welt zu erblicken.

**Vom Zauber der Kindheit**
256 Seiten
ISBN 978-3-475-53840-7

Kindheit und Jugend vor fünfzig, sechzig Jahren – wie ging es den Großmüttern von heute? Roswitha Gruber schildert das Leben in der „guten alten Zeit“, das nicht immer sorgenfrei war. Doch auch von Kinderstreichen, lustigen Begebenheiten und Glücksfällen, der Suche nach einem passenden Beruf oder der großen Liebe weiß sie zu berichten.

**Wunderbare Kindertage**
240 Seiten
ISBN 978-3-475-53879-7

Wer in unserer Wohlstandsgesellschaft groß geworden ist, kann sich kaum vorstellen, wie Kinder in der Mitte des letzten Jahrhunderts aufgewachsen sind. Roswitha Gruber erzählt von den bewegenden Schicksalen einer Generation, die trotz widriger Umstände auch viel Schönes und Lustiges aus früheren Zeiten zu berichten weiß.

**Großmütter erzählen**
240 Seiten
ISBN 978-3-475-53750-9

Frauen, zwischen 1900 und 1930 geboren, erzählen aus ihrem Leben: aus ihrer Schulzeit und Ausbildung, von ihrer ersten Begegnung mit elektrischem Licht oder einer Radiosendung. Geschichten, aus dem Leben gegriffen, von Roswitha Gruber in Einzelgesprächen sorgfältig recherchiert und erzählerisch wertvoll aufbereitet.